Ulrich Heck(

Mit Freiarbeit erfolgreich in der Sek. I

 Verlag an der Ruhr

Impressum

Titel: Mit Freiarbeit erfolgreich in der Sek. I
Autor: Ulrich Hecker
Zeichnungen: Wilhelm Nüchter
Druck: Druckerei Uwe Nolte, Iserlohn
Verlag: Verlag an der Ruhr
Postfach 102251, D-45422 Mülheim an der Ruhr
Alexanderstr. 54, D-45472 Mülheim an der Ruhr
Tel.: 0208–439540 Fax: 0208–4395439
e-mail: info@verlagruhr.de
http://www.verlagruhr.de

ISBN 3-86072-497-5
© Verlag an der Ruhr 2000

Die Schreibweise der Texte folgt
der reformierten Rechtschreibung.

Gedruckt auf chlorfrei
gebleichtes Papier.

Inhalt

Inhalt

MitSprache

... zum „Wir und unsere Schule"

Bewegung für eine moderne Schule

© Verlag an der Ruhr, Postfach 102251, 45422 Mülheim an der Ruhr

Vorwort

Die Schulreform ist eine Baustelle

Vor gut 10 Jahren erschienen im Verlag an der Ruhr drei Broschüren mit Anregungen und Berichten, wie man denn mit der Öffnung des Unterrichts, mit „Freier Arbeit" beginnen kann. In der Reihe „Freie Arbeit" erschienen dann die Bände: 1. „Schritt für Schritt", 2. „Schon wieder schreiben?!" und 3. „Leben in der Schule".

Angestoßen durch vielfältige Beispiele aus Grundschulen und durch die damals druckfrischen nordrhein-westfälischen Grundschulrichtlinien fühlten sich viele Lehrerinnen und Lehrer nunmehr auch an den weiterführenden Schulen ermutigt, eigene Schritte zur Unterrichtsöffnung und zu einer lebendigen Schulkultur zu gehen.

„Öffnung des Unterrichts", „Freie Arbeit", „Wochenplan", „Freinet-Pädagogik" waren die Stichworte („Werkstattunterricht" und „Stationenlernen" sind zwischenzeitlich hinzugekommen). Inzwischen fanden diese reformpädagogischen Begriffe Eingang in alle neueren Richtlinien- und Lehrplantexte.

Bis hin zum Gymnasium soll Unterricht „differenziert" und „individualisiert" werden, soll er „schüler-, handlungs- und projektorientiert" werden.

Lehrplantexte aber waren noch nie pädagogische Alltagswirklichkeit. Anspruch und Wirklichkeit klaffen auch hier oft weit auseinander. Immerhin bieten die neuen Richtlinien und Lehrpläne allen Kolleginnen und Kollegen, die ihren Unterricht öffnen wollen· und reformpädagogische Elemente erproben und praktizieren wollen, eine wertvolle pädagogische Legitimationsbasis.

• Wer seinen Unterricht öffnen will, macht seine Klasse zu einer **Werkstatt für freies Arbeiten.** Vielleicht schafft er auch einen neuen Baustein zur Kultur der eigenen Schule. Die hier versammelten Texte sollen **Argumente und Anregungen** für diesen Prozess bereitstellen.

• Jede neue Generation von Lehrerinnen und Lehrern muss erneut erproben und erarbeiten, was das denn konkret ist – **„den Kindern das Wort geben",** wie Freinet es ausdrückte.

• Immer wieder sind reformpädagogische Praxisansätze bedroht, drohen sie ihres kritischen Gehalts entleert, bürokratisiert oder technokratisch verformt zu werden. Nie ist Schulreform in diesem „Jahrhundert des Kindes" (Ellen Key) „fertig geworden". Wir müssen sie täglich neu erarbeiten, weiter entwickeln und verteidigen.

Aus Roman Herzogs Berliner Rede, mit der Bildung zum „Mega-Thema" erklärt werden sollte, stammt der abwertende Begriff der „Kuschelecken-Pädagogik".

Solche Begrifflichkeiten, wie auch die derzeit grassierende Debatte um „Qualitätssicherung" und „Leistungsförderung" an Schulen zeigen: Der (pädagogische) Wind hat sich gedreht im Land. Er weht schulreformerischen Bewegungen und Bestrebungen wieder stärker ins Gesicht.

Die ideologische Einbindung der Schule in die Diskussion über den „Wirtschaftsstandort Deutschland" ist zur Bedrohung der Reform für eine Schule der Zukunft und mit Zukunft geworden. Hier müssen Pädagoginnen und Pädagogen mit ihren Mitteln gegensteuern, denn wirtschaftliche Interessen sind nicht gleichbedeutend mit öffentlichen Interessen oder gar mit denen der Kinder und Jugendlichen.

Bemerkenswert in der aktuellen Debatte ist übrigens das betriebswirtschaftliche Vokabular, eine Art Qualitätssicherungs-Slang, den die Bildungspolitiker wohl zur Selbstaufwertung im Modernisierungs-Zeitgeist gebrauchen. Lehrerinnen und Lehrer müssen (sich) fragen, was eigentlich dahinter steckt. Geht es doch nicht um die Produktion von Waschmaschinen, sondern um Ergebnisse institutionalisierter Bildungsprozesse, also um die Gestaltung der schulischen Verhältnisse, in denen Kinder und Jugendliche (auf-)wachsen sollen.

Der Schulforscher **Klaus-Jürgen Tillmann** stellt fest: *„Die Frage nach der Qualität richtet sich zuerst an die Politik: Welche Ressourcen stellt sie den Schulen zur Verfügung: Lehrpersonen, Klassengrößen, Ausstattung, Zeit ..."*

Der Maßstab für die Qualität von Schule ist das **Leitbild „Haus des Lernens"**. *„Die Qualität des Bildungswesens*

ergibt sich letztlich daraus, ob es gelingt, die Schule für möglichst alle SchülerInnen zu produktiven Räumen ihrer Entwicklung werden zu lassen." (Helmut Fend)

Dabei ist bezeichnend, dass in den Konzepten zur Qualitätsentwicklung nie das Interesse der Lernenden oder deren (Lern-)Bedürfnisse angesprochen werden, noch mit SchülerInnen über diese Konzepte gesprochen wird. SchülerInnen werden als zu bewertendes Material gesehen und behandelt.

Vielleicht ist das sogar zwangsläufig, wenn im „Modernisierungsdiskurs" immer wieder von der „Bildung des Humankapitals" gesprochen wird. Das ist es nicht, was Unterricht und Schule in emanzipatorischer Perspektive wollen.

Pauken oder Produzieren?

Die herrschende Antwort in Politik und Wirtschaft auf die soziale und ökonomische Krise ist: Es muss immer schneller immer mehr produziert werden, und das muss sich in messbaren Leistungen zeigen. Diese betriebswirtschaftliche Sichtweise soll nun auch für die Schulen gelten – Leistungen werden erhoben auf dem Wege externer Evaluation. Die Reaktionen auf TIMSS belegen die Erwartungen: Den Schulen sollen mehr Leistungen im überkommen Sinn abgefordert werden, um so den „Wirtschaftsstandort" zu stärken. Bildungspolitik und Pädagogik werden zu Anhängseln der Standort-Ideologie.

Die bildungspolitischen Reaktionen auf die Studien reichen dabei

- vom **Abwiegeln** oder **Totschweigen**

- über die **Forderung nach „leistungsorientiertem Fachunterricht"** (mit nostalgischem Blick auf die alte „Paukschule"),

- die **Suche nach „Sündenböcken"** (die Grundschule, die Gesamtschule, die Lehrerinnen und Lehrer, die mangelnden Managementqualitäten der Schulleitungen)

- bis zur **bissigen Attacke** gegen offene, schüler- und kompetenzorientierte Unterrichtsverfahren (Wochenplan, Freie Arbeit, Projekte), in deren Genuss bisher nur eine deutliche Minderheit der SchülerInnen gekommen ist.

So problematisch die aus TIMSS abgeleiteten Länder-Ranglisten auch sind, unbestreitbar ist folgendes Ergebnis, das bezeichnenderweise in der öffentlichen Debatte kaum eine Rolle spielt: Schulleistungen in Mathematik und Naturwissenschaften hängen in hohem Maße von der Unterrichtsmethode ab. Selbstständiges Problemlösen in offenen Lernsituationen ist der lehrerzentrierten Vermittlung und dem mechanischen Üben qualitativ überlegen!

Wer also mehr Qualität von Schule und bessere Leistungen will, muss im Unterricht anfangen!
Doch eben dazu leisten sämtliche Konzepte zur „Qualitätssicherung und -entwicklung" keinen Beitrag.
Eine „Qualitätsoffensive für die Klassenzimmer" (Brigitte Schumann) fehlt!
Dabei belegen die Erfahrungen, z.B.

aus dem von der Bertelsmann-Stiftung unterstützten „Netzwerk innovativer Schulen", dass die reformwilligen Lehrerinnen und Lehrer zuallererst nach Wegen zur Verbesserung ihres Unterrichts fragen. Es gibt keine Alternative zur Entwicklung einer neuen Lernkultur: entdeckendes, selbstständiges, problemlösendes, kooperatives Lernen in fächerübergreifenden Sinnzusammenhängen; systematisches Vernetzen behandelter Inhalte; Einbeziehung der Lernenden in die Gestaltung des Lernprozesses. Wer die Qualität von Unterricht verbessern will, muss Lehrerinnen und Lehrer darin unterstützen, neue Haltungen zum Lernen und zu den Lernenden zu entwickeln. Lernen muss als Konstruktion und Produktion begriffen und organisiert werden.

Kinder und Jugendliche lernen:
- **durch Erfahren, Bearbeiten und Begreifen (Verstehen),** erst dann durch Übungen,

- **mit allen Sinnen,** also nicht nur mit dem Kopf und nicht nur von und auf Papier,

- **durch selbstständiges Fragen und Versuchen,** auch über Fehler, Irrtümer und Umwege – sie produzieren ihre (Er-)Kenntnisse, Fähigkeiten und Fertigkeiten,

- **bei der Anwendung, Übertragung und Übung des Gelernten** und im Vorgriff auf noch zu Lernendes,

- **an sinnvollen** (also persönlich bedeutsamen) **Inhalten, Aufgaben und Vorhaben,**

- **durch Gebrauch des zu Lernenden** für Aktivitäten und Äußerungen, Produktionen und Produkte.

Vorwort

Für die konkrete Unterrichtsgestaltung ergibt sich daraus
folgende Richtschnur:

- **Sinnvolle, möglichst selbstständige Arbeit** ist die Substanz der Didaktik. SchülerInnen fragen, untersuchen, erkunden, spielen, bauen, konstruieren, experimentieren. Dabei gebrauchen, erlernen, üben sie Kultur- und Arbeitstechniken in sinnvollen Zusammenhängen.

- Gelernt wird in **Auseinandersetzung mit tatsächlichen Problemen** und fragwürdig gewordenen Inhalten. Gearbeitet wird mit Hilfe von vielfältigen Materialien und Medien, durch Beobachtungen, Erkundungen, Versuche, Anhörungen von Experten. Die Arbeit erbringt sinnvolle, sichtbare, hörbare, bedeutsame, aufhebbare, vorzeigbare Ergebnisse.

- Die **Lernumgebung regt zu vielfältigen Lernaktivitäten an,** ermöglicht die Darstellung und Herstellung von Arbeitsergebnissen und spiegelt die Biografie und Entwicklung der Lerngruppe.

- Die Lernzeiten werden so gestaltet, dass **zusammenhängendes Lernen** und vertiefendes Arbeiten möglich sind. Der 45-Minuten-Takt darf Lernprozesse nicht mehr willkürlich durchtrennen.

- Die **Differenzierung geht von den SchülerInnen aus:** Der Unterrichtsprozess entwickelt und fördert möglichst alle Begabungen und führt sie zu gemeinsamen Zielen zusammen. Die individuellen Lernvoraussetzungen, Bedürfnisse, Fragen und Probleme der SchülerInnen sind Ausgangspunkt der Lernprozesse.

- **Soziales Lernen erfolgt durch die gemeinsame Arbeit und Kooperation.** Verantwortung und demokratisches Verhalten werden erworben durch Übergabe von Verantwortung und vielfältige Möglichkeiten der Mitgestaltung.

Dies alles war in der nordrhein-westfälischen Denkschrift *„Zukunft der Schule – Schule der Zukunft"* gemeint, die als Zukunftsmodell ein „Haus des Lernens" propagierte als einen Ort, „an dem Zeit gegeben wird zum Wachsen, gegenseitige Rücksichtnahme und Respekt voreinander gepflegt werden", „ein Ort, an dem Umwege und Fehler erlaubt sind und Bewertungen hilfreiche Orientierungen geben."

© Verlag an der Ruhr, Postfach 102251, 45422 Mülheim an der Ruhr

Vom „Ich und meine Klasse"...

1.
Freie Arbeit in der Sekundarstufe I

„Freiarbeit ist, wo wir selber was machen können."
Dieser Satz stammt von Michaela B., sie war Schülerin in „meiner" 8. Hauptschulklasse in Moers. Um Freie Arbeit geht es in diesem Band. Und zwar um Freie Arbeit in der Sekundarstufe I – denn nicht nur in der Grundschule ist sie wichtig und sinnvoll.

„Schlimm haben wir es getrieben" ...

meint **Gerhard Sennlaub** in einer polemischen Kritik an den fragwürdigen Resultaten technokratischer Schulreform.

Ich will ihn mit einigen Thesen zitieren:
* *„Statt des Wochenthemas und der Vorhaben gab es nun Fachunterricht: einen Happen Physik, einen Mathematik, einen Erdkunde. Das nannten wir auch noch ‚wissenschaftsorientiert'."*
* *„Und dann kungelten Fachegoisten untereinander aus, welchen Anteil vom gesamten Kuchen sie als Beute haben sollten. Das Ergebnis heißt Stundentafel."*

© Verlag an der Ruhr, Postfach 10251, 45422 Mülheim an der Ruhr

- „Für Muttersprache (waren) nun nur noch vier Stündchen à 45 Minuten übrig geblieben. Wir verdreifachten die Ansprüche und nannten das Ergebnis Legasthenie."
- „Für Fächer braucht man Fachlehrer. Wir nahmen den Kindern ihre Bezugsperson, den Klassenlehrer, und gaben ihnen den Fachlehrer, den Spezialisten."
- „Wenn man Fächer mit Fachlehrern hat, braucht man ein Zeichen, wann die Kinder neue Lehrer kriegen. Also das Klingelzeichen nach 45 Minuten. Unterrichtet wurde nicht nach dem Fassungsvermögen der Kinder, sondern nach der Klingel. Ungezählte Lehrer kriegten bei Revisionen angekreidet, wenn sie mit den Minuten nicht zurechtkamen."
- „Zur Überwachung dieses Systems setzten wir Computer ein. Alsbald gab es tischtuchgroße Überwachungsstellen, die jede Schule ausfüllen musste: die UVD, die Unterrichtsverteilungsdatei." (Inzwischen sind die tischtuchgroßen Formulare einem Computerprogramm gewichen, dessen pädagogischer Sinn weiterhin fragwürdig bleibt.)
- „Unter uns wucherte der Irrglaube, wir Lehrer seien die wichtigsten Menschen in der Schule. Der Lehrer als der große Zampano des Bildungsprozesses. Der Schüler lernt, weil der Lehrer lehrt. Wir dachten uns nichts dabei, dass Kinder für uns bloß noch als 'Schüler' vorkamen, die wir auch noch in der schandbaren Kürzelsprache der Technokraten mit S bezeichneten, Plural SS."
- „Und von unseren Eiskunstlauf-Preisrichterkasten mit den Notentäfelchen von 1 bis 6 will ich gar nicht mal reden, auch nicht von dem Fetisch Jahrgangsklasse."[1]

Soweit Gerhard Sennlaub. Er richtete diese Ansprache an GrundschullehrerInnen. Aber auch LehrerInnen an den Schulen der Sekundarstufe (I und II!) sollten sich diese Kritik hinter den Spiegel stecken.

Immerhin: Gegen all diese genannten Tendenzen kam Druck von unten. Die nordrhein-westfälischen Grundschulrichtlinien von 1985 waren ein erster Meilenstein auf dem Weg zu einer grundlegenden „inneren" Schulreform. Gerhard Sennlaub: „Erstmals seit den Zeiten der Schulreformer vor zwei Generationen reagieren nicht nur Lehrerinnen und Lehrer auf Richtlinien, sondern Richtlinien reagieren auf ein pädagogisches Konzept, das immer mehr Lehrerinnen und Lehrer verwirklichen."

(Ein grundlegender Meilenstein auf dem Weg zu einer „äußeren" Schulreform – zu der einen Schule für alle Kinder – ist die Grundschule als „Gesamtschule der Klassen 1 bis 4" ja ohnehin!)

1) Sennlaub, Gerhard: Grundlagen von Freiarbeit und Wochenplan. in: „Erziehungswissenschaft – Erziehungspraxis", Heft 3/1985, S. 24 ff.

© Verlag an der Ruhr, Postfach 10225, 45422 Mülheim an der Ruhr

1.1.
Die große Aufgabe

In allen Schulformen der Sekundarstufe I stehen Lehrerinnen und Lehrer vor der Aufgabe, sinnvolle und befriedigende Formen des Lernens in der Schule zu verwirklichen.

* In Fächer und 45-Minuten-Happchen zersplittertes Lernen lässt Zusammenhänge nicht deutlich werden.
* Einseitig verbal und reproduktiv orientierter Unterricht lässt sinnlich-praktische Erfahrungen nicht zu und die Eigentätigkeit der SchülerInnen verkümmert.
* Frontalunterricht und ein Leistungsverständnis, das SchülerInnen nur auf Klassenarbeiten, Noten und Punkte orientiert, verhindern das Lernen von Solidarität und gegenseitiger Hilfe.

Alle empirischen Befunde belegen:
„Fächer und Fachinhalte werden dort besonders stark abgelehnt, wo sie sich überwiegend 'sachsystematisch' und nur in geringem Maße handlungsorientiert darstellen. Umgekehrt finden sich dort positive Einschätzungen der Schüler und Schülerinnen, wo Unterricht anschaulich, situativ ist, von konkreten Dingen der Alltagswelt ausgeht und handlungsorientierte Methoden ... einsetzt." [1]

---

1) Schirp, Hans:
   Hauptschule und Lehrplanarbeit.
   Soest 1988, S. 30

Die Veränderung von Unterricht hin zu mehr aktiver Beteiligung von SchülerInnen bedeutet also
* Beteiligung der SchülerInnen an der Planung und Gestaltung des Unterrichts und an der Leistungsbeurteilung,
* Orientierung an aktuellen Schülerinteressen,
* Bezug auf konkretes Handeln bzw. konkrete Handlungen,
* Orientierung auf ein gemeinsames Produkt.

Freie Arbeit: Der Begriff

Der Begriff der „Freien Arbeit" oder der „Freiarbeit" ist nicht neu. Alle Konzeptionen (genannt seien **Freinet, Petersen, Montessori, Lichtenstein-Rother**) sehen darin einen „Freiraum", in dem SchülerInnen Gelegenheit zu selbstständiger Arbeit nach eigener Wahl und eigenem Rhythmus in freigewählten Sozialformen gegeben wird. Freie Arbeit bedeutet also offenen Unterricht, didaktisch-methodische Differenzierung und Aufhebung der Fachgrenzen. SchülerInnen wählen Arbeiten aus verschiedenen Angeboten oder nach eigenem Interesse – in mehr oder weniger enger Beziehung zu den Inhalten des Unterrichts.

Freie Arbeit ist gekennzeichnet durch Freiheit und Arbeit.

SchülerInnen sind frei, den Gegenstand ihres Lernens, die Zeit des Lernens, ihre möglichen Partner für das Lernen, die Ziele und möglichen Produkte des Lernens selbst zu bestimmen.

Und dann arbeiten sie, strengen sich an, brauchen Engagement und Aktivität, gewinnen Vertrauen in die eigene Kraft.

Dabei kann Freiarbeit in ganz unterschiedlichen Formen organisiert sein:

- im Fachunterricht mit unterschiedlichen fachbezogenen Inhalten,
- mit Hilfe von Arbeitsplänen oder Wochenplänen,
- als Arbeit mit im Klassenraum befindlichem didaktischem Material,
- als Zeitraum, den SchülerInnen völlig in eigener Regie gestalten,
- als Beginn oder Schluss des täglichen Unterrichts,
- in klassen- oder jahrgangsübergreifender Form.

Die bildungspolitische Begründung

In der bildungspolitischen Diskussion ist oft vom Funktionsverlust der Schule die Rede: Angesichts von Jugendarbeitslosigkeit tritt eine tendenzielle Entwertung schulischer Qualifikationen ein.

Schleiermachers im vorigen Jahrhundert bereits formulierte Forderung gewinnt dadurch wieder an Aktualität: Jeder pädagogische Moment muss auch in der Gegenwart Befriedigung verschaffen. Für Lehrerinnen und Lehrer würde das bedeuten, die Herausforderung anzunehmen, Unterricht und Schulleben so zu gestalten, dass ihnen und ihren SchülerInnen diese „Befriedigung in der Gegenwart" möglich wird.

Schleiermachers Postulat wirft ein kritisches Licht auf so manche fragwürdige Errungenschaft der technokratischen Seite der Bildungsreform der 70er-Jahre: Die „Lernzielhuberei", das Bemühen um „beobachtbares Endverhalten" nach jeder 45-Minuten-Stunde, die Fülle von (oft halb bewusstlos auszufüllenden) Arbeitsblättern, die „informelle" Abtesterei ... – diese Verfahren sollten ebenso endgültig der Vergangenheit angehören wie die starren Rituale der 50er-Jahre (Aufstehen, Hinsetzen, Abschreiben, Auswendiglernen).

Die „biologische" Begründung

Der bekannte Biochemiker **Frederic Vester** zieht in seinem Bestseller „Denken, Lernen, Vergessen" das Fazit, dass jeder Mensch ganz anders lernt als sein Mitmensch. Es ist, nach Vester, völlig aussichtslos, durch Differenzierung alle denkbaren Lerntypen adäquat ansprechen zu wollen. Die pädagogische Konsequenz kann nur sein, dass jedes Kind Gelegenheit und Freiraum erhält, seine ihm gemäße Art des Lernens zu entfalten. Das geht nur mit Phasen selbst bestimmten und organisierten Lernens, und eben nicht, indem LehrerInnen ihre SchülerInnen ständig auf einen Lernweg zwingen.

„Die Verschiedenheit der Köpfe ist das große Hindernis aller Schulbildung. Darauf nicht zu achten, ist der Grundfehler aller Schulgesetze, die den Despotismus der Schulmänner begünstigen, und alles nach einer Schnur zu hobeln veranlassen."

Johann Friedrich Herbart, in: Schemata zu Vorlesungen über Pädagogik in Göttingen (1808)

© Verlag an der Ruhr, Postfach 10225, 45422 Mülheim an der Ruhr

Die psychologische Begründung

Lernen lernt man am besten durch eigenes, selbstbestimmtes Tun. „Learning by doing" ist ein oft zitiertes Wort in Lehrerkreisen. Doch haben wir es in der Praxis nicht jahrelang allzu geringgeschätzt?

Produktiver Umgang mit Inhalten des Unterrichts ist „natürlich" wirksamer als bloße Rezeption von Lehrstoff. Selbsttätigkeit erhöht die Lernbereitschaft und den Lernfortschritt.

„Das Lernen lernen" – auch wieder so ein Zitat aus Lehrergesprächen. Doch was versuchen wir Lehrerinnen und Lehrer immer wieder? Kindern und Heranwachsenden das Lernen „beizubringen"!

> „Der Unterrichtsgrundsatz der Selbsttätigkeit geht von der Einsicht aus: Lernen durch eigenes Tun ist wirksamer, als wenn der Schüler passiv aufnehmen muss. Selbst-tätig-Sein regt ihn an, weiter zu überlegen, nachzudenken, selbstständig ein Problem zu lösen. Es macht ihn problemorientierter, selbstkritischer und selbstbewusster."
>
> Kurt Singer,
> in: Maßstäbe für eine humane Schule, Fischer-Verlag, Frankfurt/M. 1981, S. 136

---

1) Wunder, Dieter: Herausforderungen und Perspektiven der Bildungspolitik. in: Jochen Schweitzer (Hg.): Bildung für eine menschliche Zukunft, Weinheim und München 1988, S. 28 ff. (hier: S. 34)
2) Sennlaub, a. a. O., S. 26

Die pädagogische Begründung

Von **Neil Postman** stammt die These, dass die Flut der Medien unsere Kreativität und Phantasie, unser „kulturelles Ich" gefährden. Die wirksamste Medienerziehung ist nicht der Versuch, Medienkonsum verbal und argumentativ abzuwerten. Wirksame Medienerziehung bedeutet die Förderung von Eigeninitiativen bei unseren Schülerinnen und Schülern – und zwar schon im Unterricht, in der Schule.

„Wer vielfältige Formen befriedigender Freizeitnutzung kennt, für den werden Medien einen begrenzten Stellenwert haben. Ich halte es daher für eine vordringliche Aufgabe der Schule, die Stabilität junger Menschen zu stärken und ihnen die Vielfalt eigener Selbstverwirklichungsmöglichkeiten zu zeigen." [1]

Frontalunterricht und „Wortunterricht" (Sennlaub) behindern spontanes Lernen. Die Gängelung von SchülerInnen an der kurzen Leine unserer „Lehre" führt dazu, dass SchülerInnen zu fragen verlernen, dass sie nichts mehr entdecken, sich nicht mehr aktiv mit den Gegenständen des Unterrichts auseinandersetzen. *„Dem passiven Kind in der Schule entspricht das passive Kind zu Hause vor dem Fernseher ... Könnte es sein, dass die Kinder vor dem Fernseher zu Hause nur fortsetzen, was sie in der Schule tun: passiv aufnehmen? Vielleicht ist das Fernsehen gar nicht der Buhmann."* [2]

Sicher liegt hier tatsächlich die Lösung: Schüler aktiv sein lassen. Lernen ist wichtiger als lehren. Und vielleicht können so Postmans Thesen vom Kopf auf die Füße gestellt werden?

© Verlag an der Ruhr, Postfach 102251, 45422 Mülheim an der Ruhr

Vom „Ich und meine Klasse" ...

Die Folgen

Freie Arbeit und „praktisches Lernen" führen:

- zu einer **Leistungssteigerung in den Kulturtechniken** – auf natürliche Weise, ohne den auch für LehrerInnen oft zermürbenden Drill,
- zu **eigenverantwortlicher Beteiligung und Motivation** der SchülerInnen – ohne „Mätzchen" am Stundenbeginn,
- zu **Erfolgserlebnissen** bei SchülerInnen, auch bei den schon Entmutigten,
- zur **Steigerung von Kompetenz- und Selbstwertgefühl.**

> „Wenn (wie wir beweisen) ein Kind, das seiner Persönlichkeit gemäß arbeiten kann, nicht mehr ausgeschimpft oder 'motiviert' werden muss, um eine sorgfältige Arbeit zu liefern, dann bricht die ganze alte Schulkonzeption zusammen."
>
> Célestin Freinet

Die Veränderung des Unterrichts in den Klassen muss eine Aktivierung des Schullebens nach sich ziehen. Die Ergebnisse solchen Unterrichts sollten so „produktorientiert" sein, dass sie anderen vorgestellt, veröffentlicht werden können. Das ist keine „Show", wie oft missverstanden wird. Die Schaffung einer „Schul-Öffentlichkeit" hat den pädagogischen Sinn, das Selbstwertgefühl der Produzenten und damit ihre weitere Motivation zu fördern, aber auch, andere SchülerInnen (und deren Lehrer) anzuregen, ihren Unterricht ebenso zu gestalten.

Schulische Aktivitäten dieser Art verändern positiv das ganze Klima an der Schule, bringen mehr Lebendigkeit und Farbe in den Schulalltag. Der Beginn mit freieren Arbeitsformen im eigenen Unterricht ist schließlich auch ein wichtiger Beitrag, sich selbst den Spaß, die Freude, die Befriedigung im Lehreralltag zu erhalten bzw. zurückzugewinnen. Wenn wir nicht in Routine erstarren wollen, ist der Übergang zu freier Arbeit, zu mehr Differenzierung und Schülerorientierung eine erfrischende Herausforderung. Natürlich wird es Misserfolge geben – aber eben auch viele neue Erfahrungen und Erfolgserlebnisse.

Kein Schlusswort!

LehrerInnen, die bis zu 28 Stunden in der Woche unterrichten müssen, können sich den Problemen ihrer SchülerInnen nicht in dem Maße widmen, wie sie dies gern tun würden. Auch Freiarbeit, Projektunterricht, Aktivitäten im Schulleben kosten Zeit, erfordern Gelassenheit und Kraft.

Arbeitszeitverkürzungen für LehrerInnen sind daher ein notwendiger Hebel, um

- LehrerInnen mehr Freiräume zu geben, pädagogisch innovativ tätig zu sein,
- nicht weiterhin viele junge KollegInnen aus der Schule auszusperren.

Auch deshalb gilt der Satz: „Reformpädagogik und Gewerkschaft gehören zusammen!"

© Verlag an der Ruhr, Postfach 10225], 45422 Mülheim an der Ruhr

1.2.
Freie Arbeit: radikaler denken, klarer strukturieren

... forderte der Siegener Erziehungswissenschaftler **Hans Brügelmann** auf dem „Grundschultag 1998" der GEW im Mai 1998 in Bonn.
Breitet sich tatsächlich, auch auf Grund des Drucks von außen, Unlust aus bei der Forderung, den Unterricht zu öffnen? Wann können wir überhaupt von „Öffnung des Unterrichts" sprechen? Hans Brügelmann definierte drei Stufen der Unterrichtsöffnung zur Verständigung und Diskussion:

❶ **Methodisch-organisatorische Öffnung**
Sie ist entwicklungspsychologisch begründet (Lernen muss „Passung" haben). Zeit, Ort, Sozial- und Arbeitsform werden freigegeben, die Lehrerin/der Lehrer steuert durch Differenzierung und Arbeitspläne.

❷ **Inhaltliche Öffnung**
Sie ist konstruktivistisch begründet (aktives Lernen, Lernen als Konstruktion, Lernen durch Gebrauch). Zusätzlich erfolgt eine echte Freigabe von Inhalten und Methoden. Die Lehrerin/der Lehrer bestimmt den Rahmen, lenkt die Offenheit, Individualisierung statt Differenzierung (bzw. Differenzierung geht von den Kindern aus).

❸ **Pädagogisch-politische Öffnung**
Sie steht in einem bildungstheoretischen Zusammenhang (Kinder sollen aktiv Demokratie und Selbstständigkeit erfahren).

Zusätzlich wird den Kindern tatsächliche Mit- und Selbstbestimmung im Unterricht eröffnet. Die Lehrerin/der Lehrer öffnet nicht nur den sozialen Bereich zur Mitsprache, sondern auch den Bereich der Gegenstände, Verfahrensweisen und Produkte des Unterrichts.

Diese Definitionen sollen Diskussionen um die Ziele der Öffnung von Unterricht befördern, nicht aber Kolleginnen und Kollegen „benoten". Schon die erste Stufe, für die meisten wohl die „Einstiegsstufe", hat für Kinder wie LehrerInnen eine entlastende Funktion, bietet Kindern aber noch nicht die Möglichkeit, sich selbst einzubringen.

Hans Brügelmann (zitiert nach eigener Mitschrift auf dem „Grundschultag 1998"): *„Wir müssen anspruchsvoller werden. Und wir müssen bescheidener werden. Das alles geht nicht bei allen und schon gar nicht von heute auf morgen. Wichtig ist, dass wir Kinder vom ersten Schultag an als Personen annehmen, dass sie Schule als Raum von Demokratie erleben.*
Wir müssen uns Schritte bei der Öffnung des Unterrichts zugestehen, die auch Kindern Orientierung ermöglichen. Ich nenne drei Schritte":

1. Kinder können Aufgaben selbst wählen (*„Das ist eine Aufgabe, die traue ich mir zu, die geht mich an."*).

2. Die Qualität der Aufgaben verbessern: mehr Sinn, mehr Freiraum für eigene Gestaltungsabsichten.

3. Formen finden, wie Entscheidungen im Unterricht mit den Kindern gemeinsam besprochen und getroffen werden können (z.B. in der Klassenversammlung).

© Verlag an der Ruhr, Postfach 10 22 51, 45422 Mülheim an der Ruhr

Mit Freiarbeit erfolgreich in der Sek. I

Vom „Ich und meine Klasse" ...

„Der Respekt vor der Selbstständigkeit der Kinder", bemerkte Hans Brügelmann, *„hat Gegenwind bekommen. Wir aber wissen: Kinder, die sich angenommen fühlen, die engagiert sind, arbeiten sehr viel intensiver. Es scheint für viele eben schwer vorstellbar zu sein, dass Leistung nur dann möglich ist, wenn ich mich persönlich, als und mit meiner ganzen Person, anstrenge, und dass Lernen dann Freude macht und Befriedigung verschafft. Unterricht heute will mehr, als nur abfragbares Wissen vermitteln."*

Aktuelle Fragestellungen und Arbeitsansätze reformpädagogischer Alltagspraxis:

1. *„Entdeckendes Lernen"* ist nach wie vor ein zentraler Begriff. Weg also von den Arbeitsblätterstapeln, hin zu tatsächlichem Begreifen und Erfahren. Statt Kopiervorlagen erarbeiten KollegInnen Themenkisten mit handlungsorientiertem Material.

2. *„Werkstatt Sprache":* Schreiben lernt man am besten durch schreiben. Und dafür brauchen Kinder Anlässe und die Erfahrung, dass sie etwas zu sagen (und dann zu schreiben) haben. Lesen lernt man am besten durch lesen. Und dazu gehört die Erfahrung, dass Bücher „gute Freunde" sind und Horizonte öffnen können.

3. Und was für Sprache gilt, muss doch auch für die Mathematik gelten. Offenbar gibt es hier mehr Befürchtungen, *Unterricht* zu *öffnen.* Dabei eröffnete sich Kindern und Jugendlichen hier „eine bunte Reise durch ein buntes Land".

4. *Schule* kommt *in Bewegung,* und Kinder lernen auch durch Bewegung. Nicht nur im Sportunterricht. Denn schon lange geht das nicht mehr und wir wollen es auch nicht: Kinder auf ihren Stühlen festsetzen. Viele Ideen für eine „bewegte Schule" gibt es, aber auch für Möglichkeiten, mit Kindern zur Ruhe, zur Stille, zur Besinnung zu kommen.

5. *Ästhetische Erziehung:* Musik, Kunst, Theater. Singen, spielen, verklanglichen, malen und gestalten. Aber auch: Ideen zur Präsentation von Kinderarbeiten im Schulgebäude. Wie Kinder der Kunst begegnen können und selbst Kunst „machen" können. Denn ästhetische Erziehung besteht, wie **Hartmut von Hentig** formulierte, darin, „den Menschen von klein auf die Gestaltbarkeit der Welt erfahren zu lassen."

Und sicher ist das die zentrale Aufgabe jeder zeitgemäßen Schule, der Sinn und die Begründung, den Unterricht zu öffnen: Junge Menschen von klein auf die Gestaltbarkeit ihrer Welt alltäglich und konkret erfahren zu lassen.

© Verlag an der Ruhr, Postfach 102251, 45422 Mülheim an der Ruhr

2. Klassen-Räume

Eine wohnliche Werkstatt als Lernumgebung

Als ich Klassenlehrer einer 8. Hauptschulklasse wurde, bezogen wir einen ganz normalen Klassenraum: Tische, Stühle, Tafel, Seitentafel. Gleich in der ersten Stunde erklärte ich, dass ich mich in so einem Raum nicht wohl fühlen könne. Die SchülerInnen fanden das auch. Aber: „Was soll man denn daran ändern?" Die ersten Vorschläge: Poster aus BRAVO und „Medi & Zini". Die hängen übrigens noch immer nicht an den Klassenwänden!

Die Gestaltung des Klassenraums ist für die Atmosphäre in der Klasse von besonderer Bedeutung. Die Sterilität vieler Klassenräume („weiß getünchte Kaninchenställe" nannte sie **Jürgen** Zimmer** auf dem Ahlener GEW-Hauptschultag) fordert den so genannten „Vandalismus" doch geradezu heraus. Es hat mir Mut gemacht, Grundschulklassen zu sehen oder die Erfahrungen von Freinet-Lehrern zu hören. Ich wusste: Unsere Klasse sollte anders werden. So, dass man sich gern darin aufhält. Und so, dass SchülerInnen auf vielfältige Weise arbeiten und lernen können.

Ich kenne die Klagen vieler Kolleginnen und Kollegen: Es gibt kein Arbeits- und Spielmaterial, Regale und Ablagemöglichkeiten fehlen. Und was sagen die Putzfrauen, der Hausmeister, die SchulleiterInnen? Klar ist nur: In einer Schule, in der außer Tischen und Stühlen nur Tafel und Kreide vorhanden sind, ist die Einführung von freier Arbeit oder überhaupt projektorientiertes, differenziertes Lehren und Lernen nicht möglich! Es hilft also nur, den „Sprung ins kalte Wasser" zu wagen.

© Verlag an der Ruhr, Postfach 102251, 45422 Mülheim an der Ruhr

Vom „Ich und meine Klasse" ...

2.1.
Vom Klassenraum zum Lebensraum

1. Schritt

„Hier starb an Langeweile Roger B."
„Krause ist saublöd."
Hakenkreuze, Herzen ...
Graffiti auf den Tischen.
In der ersten Schulwoche wurden
alle Tische auf den Hof geschleppt,
alle Stühle auch, und abgeschliffen
und neu mit klarem Bootslack lackiert.

Eine Woche lang harte Arbeit.
Mathe und Englisch in anderen Räumen.
Doch danach sah alles wie neu aus.
Heute, über ein halbes Jahr später,
sind die Tische nicht wieder beschmiert,
sondern immer noch schön hell.
(Wenn auch die Lackierung nicht
überall perfekt ist.)

2. Schritt

Die Tischordnung.
Wir wählten Gruppentische,
so angeordnet, dass wir schnell
auch die Stühle zu einem
Gesprächskreis zusammenstellen
können.

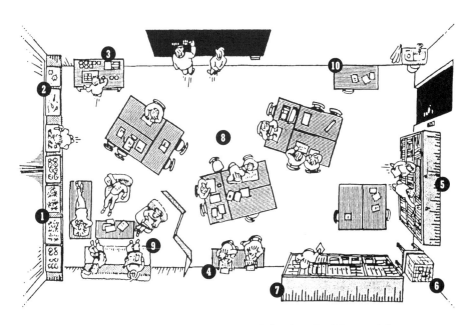

1 Fensterbrettgarten
2 Aquarium mit Schildkröten
3 Küchentisch mit Kaffee-/Teemaschine
4 Schreibmaschinen-/Computertisch
5 Klassenbücherei und Material
  für die Freiarbeit
6 Vogelkäfig

7 Regal mit den Ordnern und den
  persönlichen Ablagekörbchen der
  SchülerInnen, „Fächerbriefkasten"
  des Lehrers/der Lehrerin
8 Gruppentische
9 Sitz- und Leseecke
10 LehrerIn-Pult

© Verlag an der Ruhr, Postfach 102251, 45422 Mülheim an der Ruhr

3. Schritt

Jeder Schüler/jede Schülerin erhielt ein eigenes Ablagefach, schaffte sich einen Aktenordner an (statt Heften, darüber später mehr), jede Gruppe füllte eine „Werkzeugkiste" mit Filzstiften, Klebestiften, Scheren ... [1] „Und an die Wände", so sagte ich den Schülerinnen und Schülern, „kommen Dinge, die ihr selbst gemacht habt." Einverständnis.

4. Schritt

Umwelterziehung und „Ökopädagogik" kann man nicht nur nach dem Biologiebuch lernen. „Originalbegegnungen" mit der Natur fördern und schaffen die Motivation der SchülerInnen, sich mit Umweltproblemen auseinanderzusetzen, und lassen Sensibilität für die Natur wachsen.

Das Bewusstsein für den Wert der Natur, für den Wert der Tiere, Pflanzen, der Landschaft, kann am besten im direkten Umgang mit ihnen entstehen:

2.2.
Eigene Erfahrungen

- SchülerInnen brachten Pflanzen mit. Sie blieben auch weiterhin dafür verantwortlich („meine Pflanze").

- Andere SchülerInnen legten auf den großen Fensterbänken einen „Fensterbankgarten" an: In mit Plastikfolie ausgeschlagenen Obstkisten ziehen sie aus Samen und Ablegern Kräuter und Blumen. Einstiegstipp: Zyperngras, Mimosen und Buntnesseln wachsen sehr schnell; Kresse, Petersilie und Schnittlauch können geerntet und zum Beispiel bei einem Klassenfrühstück verwendet werden.

- Schließlich erzählte ich, dass ich Grundschulklassen kenne, in denen es „Klassentiere" gibt. Schon eine Woche später hatte eine Schülerin einen Käfig mit zwei Zebrafinken mitgebracht, die ihre Freundin nicht behalten durfte. Ein zweiter Käfig mit Orangenbäckchen (auch eine exotische Finkenart) ist dazugekommen, außerdem ein Aquarium mit vier Schmuckschildkröten. Pflege und Fütterung organisieren die SchülerInnen, ebenso die Ferienunterbringung. Da brauche ich ihnen gar nicht hineinzureden. Unvergesslich der Morgen, als die Zebrafinken zum ersten Mal Eier in ihr Nest gelegt hatten. Nachwuchs haben sie noch nicht, aber da sind wir alle guter Hoffnung.

Vom „Ich und meine Klasse" ...

Wie es weiterging

Nach wenigen Wochen nur, unsere ersten Erfahrungen mit freier Arbeit und differenzierten Arbeitsformen lagen hinter uns, brauchten wir Regale für die Materialien und Ordner – und für Bücher, denn wir wollten eine Klassenbibliothek aufbauen. Die ersten beiden Regale waren ausrangierte Schränke aus dem Schulkeller, von denen wir die Türen abmontierten. Ein Vater, der in einem großen Betrieb arbeitet, verhalf uns zu einem ausgedienten, großen Büroregal.

Aus der gleichen Quelle bekamen wir unsere ersten beiden Sessel für die Leseecke. Es folgten bald eine bequeme Couch und zwei Polstersessel. Unsere Leseecke war zu einem beliebten „Kommunikationszentrum" geworden – und das alles ohne nennenswerten finanziellen Einsatz. SchülerInnen und ihre Eltern haben immer ..., kennen jemanden, der ... Ich habe mich riesig gefreut, als Thorsten G. eines Tages sagte: „Mann, unsere Klasse sieht echt schon aus wie ein Wohnzimmer." So soll es ja auch sein: Das Klassenzimmer – eine wohnliche Werkstatt!

Bausteine für ein anderes Klassenzimmer

Zum Abschluss das Ganze ein wenig systematischer. Die folgende Liste dient zur Anregung, sicher kann jede/r morgen schon anfangen, „ihren"/„seinen" Klassenraum zu verändern.[1]

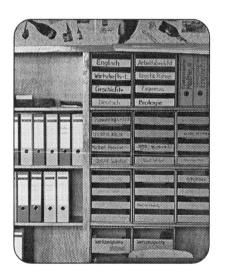

---

1) Literatur: Kasper, Hildegard (Hg.): Vom Klassenzimmer zur Lernumgebung, Vaas Verlag, Ulm 1979

© Verlag an der Ruhr, Postfach 102251, 45422 Mülheim an der Ruhr

Vom „Ich und meine Klasse" ...

1. Ordnungsmittel
- ☐ Ablagekörbchen für angefangene Schülerarbeiten
- ☐ Aktenordner zum Abheften fertiger Arbeiten
- ☐ „Werkzeugkisten" für Filzstifte, Farbkasten, Bleistifte, Klebestifte, Scheren

So lernen die SchülerInnen, ihr Lernen weitgehend selbstständig zu organisieren.

2. Lernmaterialien
- ☐ Sammlungen von Arbeitsblättern („Blättermarkt")
- ☐ Programme (Rechtschreibung, Mathe), Übungsmaterial
- ☐ Material für die freie Arbeit
- ☐ Gegenstände für einfache Experimente, Materialien zum Bauen/Basteln/Konstruieren

So stehen ganz natürlich Lernanregungen zur Verfügung. Individualisierung und Differenzierung werden möglich.

3. Klassenbibliothek
- ☐ Lexika, Wörterbücher (Deutsch, Englisch)
- ☐ Thematische Sach- und Geschichtenbücher (zum Beispiel ein „Handapparat" zu den gerade im Unterricht behandelten Themen)
- ☐ Kinder- und Jugendliteratur (bei uns holen zwei SchülerInnen jeden Monat eine „Bücherkiste" mit Sach- und Jugendbüchern aus der Stadtbibliothek)
- ☐ „Bücher" und Mappen, die aus dem Unterricht hervorgegangen sind (darüber später mehr)

Die Klassenbibliothek soll die Lesemotivation fördern und einen natürlichen Umgang mit Büchern schaffen. Die SchülerInnen können sich selbstständig Informationen beschaffen und Themen bearbeiten.

4. Spiele
- ☐ Gesellschaftsspiele
- ☐ Lernspiele

5. Technische Geräte
- ☐ Kassettenrekorder/Kopfhörer (nicht nur für Musik und Hörspiele) Einsatzmöglichkeiten für den Einzelunterricht:
  - → für den Englischunterricht gibt es „Listening Comprehension Tests"
  - → für den Deutschunterricht gibt es die „Kopfhörerdiktate"
- ☐ Diabetrachter (zur Vorauswahl von Dias bzw. für die Gruppenarbeit)
- ☐ Schreibmaschine
- ☐ Druckerei (die ebenfalls in diesem Raum steht und auch als Schuldruckerei am Nachmittag genutzt wird), und
- ☐ ein Computer-Arbeitsplatz (zumindest mit einem brauchbaren Schreibprogramm).

Diese Geräte dienen dazu, Sicherheit im Umgang mit technischen Medien zu vermitteln, die kritische Rezeption von Medien zu fördern und schließlich eigene Medien (Bücher, Hefte, Plakate) herzustellen.

6. Möglichkeiten zur Präsentation der Arbeitsergebnisse
- ☐ Leisten oder Pinnwände
- ☐ an der Wand befestigte Dämmplatten

Die Darstellung von Arbeitsergebnissen fördert die Motivation der SchülerInnen, verschafft Erfolgserlebnisse und initiiert vielfältige Kommunikation.

© Verlag an der Ruhr, Postfach 102251, 45422 Mülheim an der Ruhr

Mit Freiarbeit erfolgreich in der Sek. I

Ein veränderter Klassenraum ist nie fertig

Die neuen Einrichtungen müssen ständig gepflegt werden.
Eine Klassenbibliothek ohne neue Bücher, ein verwaistes Aquarium, vertrocknete Pflanzen – das macht erreichte Erfolge zunichte. Einrichtung und Pflege des Klassenraums müssen ständiger Gesprächspunkt zwischen SchülerInnen und LehrerInnen sein.

Ein Klassenraum muss mit der Klasse und ihrer Arbeit wachsen. Weniger Arbeitsmittel sind am Beginn der freien Arbeit mehr. Und jeder neue Einrichtungsgegenstand, den SchülerInnen selbst beschaffen, erhöht die Freude an der „eigenen" Klasse.

Die Eltern? Sie helfen gern. Zeigt man ihnen die Ergebnisse ihrer Kinder, sehen sie, dass das alles eben keine „Mätzchen" sind. Die Putzfrauen, der Hausmeister? Gespräche und Kompromissbereitschaft helfen fast immer.

© Verlag an der Ruhr, Postfach 102251, 45422 Mülheim an der Ruhr

3.
Lern-Anstöße

3.1.
Material für innere Differenzierung und Freie Arbeit

Schüler- und handlungsorientierte Unterrichtsverfahren sind ohne geeignete Materialien nicht denkbar. Solche Materialien sollen mehr sein als die bekannten Arbeitsblätter: nämlich Lern-Anstöße! Wie man an solches Material kommt, wie man es auch selbst herstellen kann, darum geht es in diesem Kapitel.

Von der Bedeutung des Materials für einen offenen Unterricht wird oft gesprochen. Für viele Kolleginnen und Kollegen ist das die Schwelle, derentwegen sie den Start nicht wagen. Richtig ist: Freie Arbeit und innere Differenzierung steht und fällt mit geeignetem Arbeitsmaterial. Welches Material geeignet ist, erweist sich bei der Arbeit selbst.

Material kann man – teilweise ohne großen Aufwand – selbst herstellen. Es gibt inzwischen ein großes Angebot sofort einsetzbarer Materialien, mit denen man „schon morgen" anfangen kann.

In einem Unterricht, in dem SchülerInnen selbstständig und eigenverantwortlich lernen können, in dem die LehrerInnen nicht mehr im Zentrum des Geschehens stehen, müssen auch Tische und Stühle nicht mehr nach vorn zur Tafel hin ausgerichtet sein. Die Sitzordnung wird variabel, es gibt „Ecken" für verschiedene unterrichtliche Zwecke (Leseecke, Material, Klassenbücherei).

Ein Klassenraum als „wohnliche Werkstatt" gibt Schülerinnen und Schülern Gelegenheit zum Selber-Tun und -Gestalten, Möglichkeiten selbstständig zu lernen, sich selbst zu kontrollieren, ihr Lernen und ihre Arbeitsergebnisse selbst zu verantworten.

Zu all dem müssen genügend „Lern-Anstöße" zur Verfügung stehen: Materialien. Eine „vorbereitete", sich allmählich entwickelnde Lern-Umgebung ist notwendig, damit freie Arbeit mehr sein kann als wahl- und zusammenhanglose Beschäftigung.

Beispiele:
- Rechenkartei mit Wiederholungsaufgaben, die die SchülerInnen selbstständig bearbeiten können,
- Mathe-Rätsel und -spiele auf Arbeitsblättern zur freien Bearbeitung,
- Rechtschreibkartei mit Texten und Übungen,
- Diktattexte für Partnerdiktate (Ordner),
- Kassette mit kurzen Diktaten für „Kopfhörerdiktat" (in Einzelarbeit, mit Walkman)
- Ordner mit Schreibanlass-Blättern,
- Ordner mit Beiträgen, Bildern, Texten zu verschiedenen Themenbereichen (Natur und Umwelt, Geschichte, „Was meinst Du dazu!", Selber machen, „Kopf-Nüsse"-Rätsel und Knobelaufgaben.

An der Erstellung dieser Materialsammlung können auch SchülerInnen beteiligt werden.

© Verlag an der Ruhr, Postfach 10251, 45422 Mülheim an der Ruhr

Vom „Ich und meine Klasse" ...

Anforderungen an Arbeitsmaterial

- Die Zeichnungen und Texte müssen entweder laminiert oder in Klarsichthüllen eingetütet sein. Sie sollen durch ihre farbliche und/oder grafische Gestaltung zur Bearbeitung auffordern (Aufforderungscharakter).
- Die Aufgaben- und Fragestellungen müssen wirklich klar sein, sodass SchülerInnen nicht nachfragen müssen (Deutlichkeit).
- Die SchülerInnen sollten weder über- noch unterfordert werden (Anforderungen).
- Das Material sollte vielfältige und abwechslungsreiche Aufgaben enthalten: lesen, zuordnen, abschreiben, ausschneiden, zeichnen (Vielfältigkeit).
- Die Lösungen sollten (auf der Rückseite oder an sonst erreichbarer Stelle) zur Verfügung stehen, damit SchülerInnen ihre Ergebnisse weitgehend selbst kontrollieren können (Selbstkontrolle).

Fertiges Material

Viele Kolleginnen und Kollegen wagen nicht, mit innerer Differenzierung und/oder freier Arbeit zu beginnen, weil ihnen – wie sie sagen – „das Material" dazu fehlt. Dabei gibt es immer mehr bereits unmittelbar einsetzbares Material, mit dem man eigentlich „gleich morgen" anfangen kann:

Das reicht von der Schreib-, über die Indianer-, Kunst- und Textil-Kartei, die Arbeitskartei für den Geschichtsunterricht oder für Unterrichtsprojekte zu den unterschiedlichsten Themen bis hin zu Literaturkarteien.

Die Werkzeugkiste

Man kann wirklich viel Material selbst herstellen, ohne große Mühe. Übrigens – und diese Erfahrung haben viele Kolleginnen und Kollegen an Grundschulen gemacht – macht es viel Spaß, beim Kaffee oder Tee zusammen zu sitzen und gemeinsam (LehrerInnen untereinander oder auch Lehrer und Eltern) Material herzustellen. Zur Grundausstattung des „Materialproduzenten" gehören: Foto- und Plakatkarton, Klarsichthüllen, Ordner oder Karteikästen, licht- und wischfeste Filz- und Folienstifte, Klarsichtfolie, Scheren, Klebestifte, Lineale, eine Papierschneidemaschine und ein Kopierer (an der Schule).

Material-Steinbruch

Zuerst sollte man überlegen, in welcher Form das Material zur inneren Differenzierung und freien Arbeit im Klassenraum präsentiert werden soll. Vor allem zwei Möglichkeiten kommen in Frage:
- Die Materialien werden laminiert und in Karteikästen eingestellt.
- Die Materialien werden in Klarsichthüllen „eingetütet" und in Ordnern abgelegt, die in einem Regal zur Verfügung stehen.

> „Wir müssen selbst die Herausgabe von Arbeitsmitteln anregen – oder sie selbst übernehmen –, die unseren Anforderungen genügen."
>
> Célestin Freinet, in: Pädagogische Texte, Rowohlt Verlag, Hamburg 1970, S. 29

© Verlag an der Ruhr, Postfach 102251, 45422 Mülheim an der Ruhr

Ich selbst verwende in meinem
8. Schuljahr vor allem Ordner.
Ausdruck- und Rechtschreibkarteien
bewahre ich in großen Papp-Kartei-
kästen auf.
Material gibt es in Hülle und Fülle.
In jedem LehrerInnen-Arbeitszimmer
oder -Regal findet sich eine Fülle
von Rohstoff.

Material also hat wohl jede/
jeder genug, notwendig ist nur
ein anderer Umgang damit:
Nicht horten und lagern,
sondern auswählen, aufbereiten,
einsetzen!
Aber nicht nur auf das im engeren
Sinne didaktische Material sollten wir
achten, sondern auch auf viele Druck-
erzeugnisse, mit denen wir täglich
umgehen: Zeitungen, Zeitschriften,
Informationsmaterialien von
Institutionen und Verbänden.

Material gibt es in Hülle und Fülle.
Wichtig ist, es für den Unterricht aufzubereiten.

Sichten, ausschneiden,
zusammenstellen:
Kooperation bei
der Materialherstellung
macht Spaß.

Außerdem gibt es schon eine
ganze Reihe geeigneter Materialien,
die man unmittelbar einsetzen
kann.

Tipps zur Materialbeschaffung und Auswertung

Das Material in der Klasse anbieten.
Die richtige Präsentation ist wichtig: in Karteikästen, in
Aktenordnern – Übersicht schaffend und Neugier weckend.

- Und sonst: Sammeln Sie Broschüren,
Faltblätter, Informationsmaterial
von Verbänden, Organisationen,
Institutionen – und reißen Sie gleich
brauchbare Tabellen, Schaubilder,
Übersichten, Texte heraus und ordnen
Sie sie Ihrer Dokumentation zu.
Am besten nicht erst horten
und aufschieben, sondern
gleich auswerten!

- Bücher: Zu allen Themen
gibt es Kinder- und
Jugend(sach)bücher,
die gern aus der Bücherei
geholt und mitgebracht werden.
SchülerInnen sind stolz darauf,
selbst Material mitzubringen,
mit dem sie dann arbeiten können.

SchülerInnen sollen frei und selbstständig damit
arbeiten können: Weiterforschen, experimentieren,
probieren, ausschneiden,
ausmalen, gestalten,
untersuchen, neu
zusammenstellen
und eben nicht
nur lesen und
schreiben!

Mit Freiarbeit erfolgreich in der Sek. I

© Verlag an der Ruhr, Postfach 102251, 45422 Mülheim an der Ruhr

3.2.
Arbeitsblätter:
Dressur
auf DIN-A4
in Lücken?

Kennen Sie den Ärger?
Sie haben ein Arbeitsblatt
gemacht, und ihre
SchülerInnen stöhnen:
„Schon wieder Blätter!"
Oder wenn aus Arbeitsblättern
Papierkügelchen werden
oder Schwalben?
Haben Sie den Bodensatz
von Arbeitsblättern in
so mancher Schülertasche
schon gesehen?

Wer einmal beobachtet hat, wie SchülerInnen am Nachmittag aus dem Tornister zerknüllte und zerfledderte, halb ausgefüllte Blätter hervorkramen, der ist vielleicht sogar versucht, sich nach Zeiten zurückzusehnen, wo es für jedes Schulfach ein Buch und ein Heft gab, und mehr nicht. Eine Lösung wäre das nicht! Im schulischen Alltag spielen Arbeitsblätter nach wie vor eine wichtige Rolle, übertroffen vielleicht nur noch durch die Arbeit mit dem Schulbuch.

Seit Umdrucker und Kopierer in die Schulen Einzug gehalten haben, werden SchülerInnen manchmal in manchen Fächern und von manchem Lehrer geradezu mit Arbeitsblättern „bombardiert".

Die Blätterflut kann sehr leicht den Eindruck der Beliebigkeit der Unterrichtsinhalte hervorrufen. Oft nämlich sind Arbeitsblätter lieblos vorbereitet, werden dann achtlos abgeheftet (wenn überhaupt!) und vergessen oder erst gar nicht beachtet, sodass die gewollten Vorzüge (individuelle und flexible Unterrichtsgestaltung) in ihr Gegenteil verkehrt werden.

© Verlag an der Ruhr, Postfach 102251, 45422 Mülheim an der Ruhr

Unter einem „Arbeitsblatt" versteht man gemeinhin all die losen Blätter, die als Lernmittel zusätzlich in den Unterricht eingebracht werden und deren grafische und inhaltliche Gestaltung dem Lernen der SchülerInnen dienen soll. Wesentlich ist der Loseblatt-Charakter, die Inhalte reichen von Ganztexten und Bildern bis hin zu rein grafischen Vorstrukturierungen (Tabelle, Schaubild usw.). Ein Arbeitsblatt ist also „ein didaktisch strukturierter schriftlich, rechnerisch oder bildnerisch zu lösender Arbeitsauftrag" (Hilbert Meyer).

Wie kommt es nun zur Bedeutung, die viele Kolleginnen und Kollegen nach wie vor Arbeitsblättern beimessen?

- Der aktuell benötigte Lerninhalt liegt (z.B. im Schulbuch) nicht oder in nicht geeigneter Form vor. Der Lehrer/die Lehrerin stellt also ergänzendes, passendes Material zusammen. Mit der Vorlage des Arbeitsblattes hat der Lehrer/ die Lehrerin vorab allein über die Brauchbarkeit des Lernmaterials entschieden, dem Schüler/der Schülerin ist jede Beurteilungs- und Entscheidungsmöglichkeit genommen.

- Durch den Einsatz von Arbeitsblättern und die darauf enthaltenen Aufgabenstellungen bestimmt die Lehrperson Inhalt und Verlauf des Unterrichts sowie dessen Ergebnisse.

Auch dies kann dazu führen, unterrichtliche Flexibilität einzuschränken. Ein verlaufsorientiertes Arbeitsblatt, das den SchülerInnen zu Beginn des Unterrichts ausgeteilt wird, kann verhindern, dass SchülerInnen eigene Lösungswege suchen.

- Arbeitsblätter scheinen den Unterricht zu rationalisieren. Diese Überlegung ist vor allem dann verführerisch, wenn die Unterrichtszeit auf 45 Minuten begrenzt ist, und das vielleicht auch nur einmal in der Woche. Die hastige, ständige Arbeit an Arbeitsblättern ist aber nur scheinbar rationell. Die Aufteilung des Stoffs in DIN-A4-Häppchen verhindert eine gründliche Auseinandersetzung der SchülerInnen mit den Inhalten. Der Lerneffekt ist gering. Inhaltliche Konzentration ist allemal besser als der Versuch, „Häppchenwissen" zu verabreichen.

- Arbeitsblätter enthalten vom Lehrer/ von der Lehrerin zusammengestellte Texte, Bilder, Zeichnungen, Tabellen sowie Arbeitsaufgaben, Lückentexte, Vorstrukturierungen in Form von leeren Kästchen und Zeilen. Auch dies wird meist mit Rationalisierungsargumenten begründet. Aber auch so: Probleme mit der Rechtschreibung, gestalterisches Unvermögen, fehlende Sauberkeit, Schwierigkeiten mit dem Abstrahieren, Ausdrucksprobleme, langsames Arbeitstempo lassen die Bearbeitung von Arbeitsblättern als vorteilhafter erscheinen. Was aber tun SchülerInnen mit Arbeitsblättern? Sie setzen einzelne Wörter ein, füllen Lücken aus, kreuzen Kästchen an, formulieren Teilsätze. Verfolgt man den Weg eines bearbeiteten Arbeitsblatts, so fragt man sich, ob sich die Mühe des Lehrers/der Lehrerin und der SchülerInnen überhaupt lohnt.

Fehlerhafte, unsaubere, schlampige Hefteinträge und Zeichnungen, schlecht formulierte Schülertexte sind doch nur die eine Seite der Medaille, deren andere das halb bewusstlose Ausfüllen von Arbeitsblättern ist!

© Verlag an der Ruhr, Postfach 10225, 45422 Mülheim an der Ruhr

30

© Verlag an der Ruhr, Postfach 102251, 45422 Mülheim an der Ruhr

Denn wo und wann sollen SchülerInnen lernen, Texte zu formulieren, Inhalte zu gestalten, wenn nicht im Unterricht und anhand unterrichtlicher Gegenstände? So gesehen ist der massierte Einsatz von Arbeitsblättern keine Erleichterung der Arbeit von SchülerInnen, sondern er verhindert „echte Arbeit": lernen zu lernen! Denn Arbeitstechniken wie die genannten sind selbst ein wichtiges Lernziel des Unterrichts. SchülerInnen müssen Gelegenheiten erhalten, sich im Schreiben von Texten, im Gestalten von Sachverhalten, zu üben und zu entwickeln.

Arbeits-Blätter: Lern-Anstöße!

Einstiege in handlungsorientierten Unterricht bemühen sich, offene Unterrichtssituationen zu schaffen. Kreativität und Phantasie der SchülerInnen entstehen nicht im Selbstlauf, sie setzen vielfältige Anregungen des Lehrers/der Lehrerin voraus.

- Den Lernprozess in meiner 9. Hauptschulklasse, in der ich Deutsch und Geschichte unterrichte, organisiert und strukturiert ein Arbeitsplan. Diesen Plan nennen wir „Inhaltsverzeichnis". Er enthält alle Pflicht- und Wahlaufgaben, die die SchülerInnen im Verlauf der gemeinsam festgesetzten Zeit erledigen müssen, sollen und können. Die einzelnen Aufgaben sind ebenfalls gemeinsam in unserer „Klassenversammlung" besprochen und beschlossen. Auf dem Plan tragen die SchülerInnen erledigte Arbeiten ein und können so ihre Arbeitsfortschritte selbst kontrollieren.

- „Rohstoff" für die Auseinandersetzung mit einem Thema ist das von mir verteilte „Materialpäckchen", wie wir es nennen. Das sind „Arbeits-Blätter", also „Blätter zum Arbeiten". Sie sollen Schülerinnen und Schülern helfen, eigene Arbeitsprodukte herzustellen, sie sollen Orientierungshilfe sein, „Wegweiser im Arbeitsprozess". Das in diesem Materialpäckchen (das sind in der Regel 3–4 im Klassensatz kopierte Blätter) angebotene Material ist offen: Die SchülerInnen entscheiden selbst, ob und wie sie es verwenden. Ich bemühe mich, mit dem Materialpäckchen möglichst viele Sinne der SchülerInnen anzusprechen (z.B. durch Bilder, Zeichnungen, Texte, Rätsel, Forschungsaufträge, Fragen). Die „Arbeits-Blätter sollen die Selbsttätigkeit der SchülerInnen fördern und möglichst viel Freiraum für eigenständige Lösungen lassen. Daher enthalten die Arbeits-Blätter auch Hinweise auf andere Quellen, auf anderes Material, das verwendet werden kann und soll.

- Zu jedem Thema, das sich anbietet, versuchen wir zusätzliches Material zum Schulbuch zu bekommen. Vor allem sind dies Sachbücher (aus der Stadtbibliothek) und Zeitschriften. Nur durch den Umgang mit möglichst vielen Büchern und anderen Medien lernen die SchülerInnen den Umgang damit und können so „das Lernen lernen". In unserer Klassenbibliothek stehen daher auch Lexika, Wörterbücher, Sachbücher zum ständigen Umgang damit.

- Um ihre verschiedenen Aufgaben bewältigen zu können, haben alle SchülerInnen ihr „Handwerkszeug" in der Klasse stets zur Verfügung.

© Verlag an der Ruhr, Postfach 102251, 45422 Mülheim an der Ruhr

Mit Freiarbeit erfolgreich in der Sek. I

Im Regal im Klassenraum hat jede/r ein Ablagefach für alle unfertigen Arbeiten und Materialien, außerdem einen Aktenordner mit einer Fächereinteilung. Ständig arbeitsbereit ist das DIN-A4-Ringbuch mit karierten und linierten Blättern. Schere, Klebstoff, Filz- und Buntstifte, Lineal usw. sind ebenfalls stets verfügbar.

- Der „Produktionsprozess" verläuft folgendermaßen:
  - Die SchülerInnen arbeiten auf Ringbuchblättern. Sie schreiben nicht nur, sie gestalten diese Blätter.
  - Das Arbeiten auf zunächst losen Blättern erleichtert Korrektur und Ergänzung, ohne dass mangelhafte Einzelteile das Ganze beeinträchtigen.
  - Die SchülerInnen sammeln ihre einzelnen Blätter, ordnen sie und stellen sie schließlich zu einem sinnvollen Ganzen zusammen (die letzten Produkte waren: „Das Deutsche Reich 1871–1918" und „Mein Praktikumsbericht").

Die Anordnung von Text- und Bildelementen auf den leeren Blättern, das Unterstreichen, farbige Hervorheben, Anfertigen von kleinen Skizzen, auffallenden Überschriften usw. fordert die gestalterischen Kräfte der SchülerInnen.

Derart eigene Arbeitsergebnisse erziehen zu (möglichst) sauberer, lesbarer Schrift, machen den Sinn von Rechtschreiben einsehbar. Ich will nicht, dass meine SchülerInnen nur Lücken ausfüllen und Kästchen ankreuzen. Sie sollen ihre eigenen Texte schreiben. Dabei lernen die SchülerInnen, eigenständig zu gestalten, sich auszudrücken, ihren eigenen Ausdruck zu finden.

Sie üben sich im Schreiben und dabei in der Rechtschreibung. SchülerInnen sollen nicht vom Lehrer vorgefertigte Blätter konsumieren, sie sollen selbst produzieren!

- Am Schluss einer Unterrichtseinheit (wir arbeiten meist in thematischen Blöcken bzw. „Epochen"), haben alle SchülerInnen eine Anzahl von gestalteten Arbeitsergebnissen, die in ihrem Aktenordner abgeheftet sind. Aus den gesammelten Arbeitsprodukten machen wir am Ende eines Themas oder eines Zeitabschnitts (z.B. Halbjahr) ein kleines Buch, das jeder Schüler/jede Schülerin dann mit nach Hause nehmen kann. Aus den Schülerarbeiten entsteht ein Produkt. Das gibt der Arbeit im Unterricht neuen Sinn (während vollgeschriebene Hefte und ausgefüllte Arbeitsblätter meist nur weggeworfen werden) und erzeugt den Wunsch, möglichst schöne Arbeiten anzufertigen. Und wer den Stolz und die Freude über solche eigenen Produkte einmal erlebt hat, der weiß, dass sich diese Arbeit lohnt.

© Verlag an der Ruhr, Postfach 102251, 45422 Mülheim an der Ruhr

4.
Frei-Räume

4.1.
Wie ich Freie Arbeit organisiere

Folge von Lehren. Diese Illusion macht aus Lernenden Objekte des Lehrens!

- Wir LehrerInnen müssen weniger „durchnehmen", dafür aber mehr lernen lassen.
- Die Qualität des Lernens steigern bedeutet, den Unterricht in Richtung entdeckendes, problemlösendes, selbstständiges Lernen zu entwickeln.

Im Folgenden kurz, aber – hoffentlich – verständlich, die Organisation unserer „Klassen-Arbeit":

„Die gesamte Disposition, die wir für die sich bildenden Zöglinge jeder Schule (auch Volksschule) anstreben, kann nur dann verwirklicht werden, wenn die gesamte Bildungsarbeit nach dem Prinzip der Selbsttätigkeit organisiert ist. Selbsttätigkeit ist das Kennwort der Methodik der von uns geforderten Schule der Zukunft. Durch Selbsttätigkeit wird die Schule zur „Arbeitsschule", d h. zu der Schule, in der die selbstständige Tätigkeit des Schülers die wesentliche, den Charakter der Schule beherrschende Tätigkeitsform ist."

So formulierte **Hugo Gaudig** bereits **1922** in seinem Buch **„Die Schule im Dienste der werdenden Persönlichkeit"**. Um Arbeit also geht es, und um ihre Voraussetzungen:

- SchülerInnen sind nicht gleich und lernen nicht auf gleiche Weise. Aber alle wollen etwas leisten.
- Anforderungen haben eine pädagogische Funktion, wenn sie für alle SchülerInnen erreichbar sind.
- Lehrerinnen und Lehrer müssen sich von der lähmenden Illusion befreien, Lernen sei bloß eine

Carmen zeigt ihr „Handwerkszeug".
Sie hat im Regal im Klassenraum
ein Ablagefach für alle unfertigen Arbeiten,
außerdem einen Ordner mit einer Fächereinteilung.
Ständig dabei ist ihr Ringbuch (DIN-A4)
mit karierten und linierten Blättern.
Eine „Werkzeugbox" mit Schere, Klebstoff,
Filz- und Buntstiften, Lineal usw.
ist immer griffbereit.

Unsere „Klassen-Arbeit"

• Jeder Schüler/jede Schülerin hat ein Ringbuch (DIN-A4) mit den entsprechenden Einlegeblättern (kariert und liniert). Schulhefte haben meine SchülerInnen nicht (denn die wandern – oft lieblos vollgeschrieben – meist sowieso in den Mülleimer).

• Jeder Schüler/jede Schülerin besitzt ein Ablagekörbchen, in dem alle unfertigen Arbeiten, Arbeitsblätter, Informationen ... aufbewahrt werden.

• Statt Schulhefte besitzen alle SchülerInnen einen Aktenordner (DIN A4) mit Fächereinteilung (die Registerblätter haben die SchülerInnen zu Beginn des Schuljahres selbst gestaltet). In den Ordner kommen alle fertigen (und von mir gesehenen) Arbeitsergebnisse.

• Werkzeug wie Filzstifte, Schere, Klebestift usw. müssen alle SchülerInnen ständig „einsatzbereit" haben.

• Ich selbst habe in der Klasse einen gelb angestrichenen „Fächer-Briefkasten" (für „meine" Fächer Deutsch, Geschichte, Wirtschaftslehre, Englisch). In diesen „Briefkasten" werfen die SchülerInnen im Laufe der Woche alle Arbeitsergebnisse ein.

• Am Wochenende sehe ich die Schülerarbeiten durch. Am Montag Morgen lege ich die Schülerarbeiten wieder in die (mit Namen gekennzeichneten) Ablagekörbchen der SchülerInnen zurück.

• Die SchülerInnen bekommen dabei eine Rückmeldung von mir:
→ Manche Arbeiten bespreche ich vor der ganze Klasse oder mit dem einzelnen Schüler/der einzelnen Schülerin.
→ Die meisten gehen in den Schülerablagekorb mit einem „grünen Strich" zurück: Die Arbeit ist in Ordnung und kann in den Ordner abgelegt werden. Auf Wunsch bedeutet ein „grüner Punkt": Eine besonders gelungene Arbeit.
→ Arbeiten, die ich mit einem „roten Strich" markiert habe (und meist mit einigen Anmerkungen dazu), müssen entweder korrigiert und überarbeitet oder neu angefertigt werden. Danach kommen sie erneut in meinen „Briefkasten".

• Um selbst die Übersicht zu haben, wie weit die einzelnen SchülerInnen mit ihrer Arbeit sind, führe ich eine entsprechende „Abhakliste" (Klassenliste mit Schülernamen und Kurztitel der anstehenden Schülerarbeiten).

• Am Schluss einer Unterrichtseinheit (ich arbeite meist in thematischen Blöcken bzw. „Epochen", doch dazu später mehr) haben alle SchülerInnen eine Reihe von gestalteten Arbeitsergebnissen, die in ihrem Aktenordner abgeheftet sind. Der Vorteil: Aus den gesammelten Arbeitsergebnissen machen wir am Ende eines Themas oder eines Zeitabschnittes (z.B. Halbjahr) ein kleines Buch, das die Schüler dann mit nach Hause nehmen oder in der Klassenbibliothek stehen lassen können. Aus den Schülerarbeiten entsteht ein Produkt. Das gibt der unterrichtlichen Arbeit neuen Sinn und erzeugt den Wunsch, möglichst „schöne" Arbeiten anzufertigen, da die ja noch gebraucht werden.

© Verlag an der Ruhr, Postfach 102251, 45422 Mülheim an der Ruhr

INHALTS-VERZEICHNIS

"HAU AB, DU FLASCHE!"

Name:
_____

Fach:
_____

Nr.:	Thema:	erledigt am:
P 1	„Hau ab, du Flasche!" von Ann Ladiges Inhaltsangabe	
P 2	Schreibe deine eigene Meinung zu diesem Buch. Hat es dir gefallen? Warum? Warum nicht?	
P 3	Bericht „Jugendliche und Alkohol" Warum trinken Jugendliche Alkohol? Welche Folgen kann das haben? Was meinst du?	
P 4	Bericht „Alkohol und Gesundheit" Welche Folgen für die Gesundheit kann Alkoholgenuss haben? Was ist „Sucht"? Kann man der Sucht vorbeugen oder Süchtigen helfen?	
Die folgenden Aufgaben sind **Wahlaufgaben**. Daraus kannst du auswählen, was dich am meisten interessiert.		
W 1	Schreibe eine Geschichte, in der Alkohol eine wichtige Rolle spielt! Suche auch eine Überschrift dazu!	
W 2	Gestalte das Titelbild des Buches neu. Am besten nur mit Bleistift oder Buntstiften.	
W 3	Zeichne oder male Personen oder Situationen aus dem Buch und beschreibe, wie du sie Dir vorstellst.	
W 4	Schreibe einen Schluss zum Buch, so wie du dir vorstellst, dass die Geschichte weitergeht!	

P=Pflichtaufgabe   W=Wahlaufgabe

© Verlag an der Ruhr, Postfach 102251, 45422 Mülheim an der Ruhr

Mit Freiarbeit erfolgreich in der Sek. I

Vom „Ich und meine Klasse" ...

Und wer den Stolz und die Freude der SchülerInnen über solche eigenen Produkte einmal erlebt hat, der weiß, dass sich diese Arbeit lohnt (übrigens: Auch der Lehrer/die Lehrerin hat so mehr Freude, als wenn er/sie nur die eigenen Texte noch einmal lesen muss, die die SchülerInnen von der Tafel abgeschrieben haben!).

• Die SchülerInnen erhalten vor jeder thematischen Einheit ein „Inhaltsverzeichnis" (s. Abb. S. 35), das ich für sie anfertige. Darauf sind alle Pflicht- und Wahlaufgaben verzeichnet, die die SchülerInnen im Verlaufe der gemeinsam festgesetzten Zeit erledigen müssen, sollen und können. Sie tragen erledigte Arbeiten darauf ein und können ihre Arbeits-

und Lernfortschritte so selbst kontrollieren. Die Planung eines thematischen Unterrichtsabschnitts erfolgt in einer gemeinsamen Stunde in der „Klassenversammlung" (siehe unten).

• Zu den Arbeiten, die alle SchülerInnen (quasi als gemeinsames Fundament) anfertigen müssen, kommen noch Aufgaben für die Gruppenarbeit hinzu. Wann welche SchülerInnen was in Einzel-, Gruppen- oder Partnerarbeit machen, liegt bei ihnen. Ich selbst habe dabei vor allem beratende und koordinierende Funktion. Es ist immer wieder erstaunlich, wie „natürlich" dieser Arbeitsablauf funktioniert und wie schnell die Planungskompetenz der SchülerInnen wächst.

Regeln für die Freie Arbeit

❶ Gehe sorgfältig mit dem Arbeitsmaterial um und stelle es wieder ordentlich an seinen Platz zurück!

❷ Hilf Deinen Mitschülern, wenn sie Dich um Rat fragen!

❸ Sprich leise, wenn Du etwas fragst oder erklärst!

❹ Bewege Dich möglichst leise und rücksichtsvoll in der Klasse!

❺ Lege fertige Arbeiten in den gelben Fächer-Briefkasten!

❻ Unfertige Arbeiten bleiben in Deinem eigenen Ablagefach.

❼ Fertige Arbeiten mit einem roten Strich: STOPP!
→ Verbessern oder neu machen und wieder in den gelben Fächer-Briefkasten!
Fertige Arbeiten mit einem grünen Strich:
In Deinen Ordner heften!

❽ Übe auch für Fächer, in denen Du Schwierigkeiten hast!

❾ Führe angefangene Arbeiten zu Ende!

❿ Kontrolliere Deine Arbeit mit Hilfe der Inhaltsverzeichnisse in Deinem Ordner!

(Text eines Plakats im Klassenraum)

© Verlag an der Ruhr, Postfach 102251, 45422 Mülheim an der Ruhr

- Neben den Arbeiten für ein konkretes Thema läuft unser – gemeinsam beschlossenes – „Monatsprogramm". Damit soll vor allem das „Training" abgedeckt werden. Also: Kein Rechtschreibunterricht mehr, der mit allen 24 Schülerinnen und Schülern gleichzeitig und -schrittig die Rechtschreibschwierigkeit „das/dass" behandelt – und dabei scheitert. Sondern:
  - → Jeden Monat schreibt jeder Schüler/jede Schülerin 2 Übungsdiktate (Partnerdiktat oder aber das beliebte „Kopfhörerdiktat" – auf Kassette gesprochene kurze Texte, die per Walkman abgehört und geschrieben werden) und kontrolliert sich selbst bzw. lässt seinen/ihren Text von einem Klassenkameraden oder mir korrigieren.
  - → Jeden Monat bearbeitet jeder Schüler/jede Schülerin vier Karteikarten aus der Rechtschreib- und/oder der Ausdruckskartei, die in unserer Klasse stehen. Die Karten wählt er/sie frei aus, kann sich selbst kontrollieren, trägt anschließend die Erledigung in eine aushängende Liste ein.

- Das Übungsmaterial steht in Ordnern (in Klarsichthüllen einsortiert) im Klassenraum. Dieses „Mindest-Trainingsprogramm" ist eine akzeptierte Institution. SchülerInnen sollen mit Arbeitsmitteln ihr eigener Trainer werden. Und: Der Lehrer/die Lehrerin hat die Möglichkeit, auf Lerndefizite, die er/sie feststellt, gezielt einzuwirken, indem er entsprechendes Material empfiehlt.

- Als Arbeitsgrundlage erhalten die SchülerInnen – neben dem Material im Klassenraum – zu jedem Thema außer dem genannten „Inhaltsverzeichnis" noch eine Reihe von „Arbeits-Blättern". Der Bindestrich steht bewusst: Das sind Materialien, mit denen SchülerInnen etwas anfangen, mit denen sie arbeiten können. Illustrationen etwa, Tabellen, Kurztexte, Zitate, Hinweise auf Literatur und Fragestellungen usw. Mein Grundsatz, den die SchülerInnen kennen: „Keines dieser Blätter kommt in Euren Ordner! Damit sollt Ihr arbeiten, Eure eigenen Arbeitsergebnisse gestalten!" SchülerInnen schneiden aus, stellen zusammen, beschriften, kleben auf ... Das Ausfüllen von Lückentexten und Multiple-Choice-Fragebogen ist oft genug nur „Zeit-Totschlagen" und „Für-den-Papierkorb-Arbeiten".

- Klassenarbeiten übrigens ergeben sich auch aus den aktuellen Unterrichtsthemen: Meine Diktate sind Schülertexte, die im Unterricht entstanden sind, die Aufsätze sind Texte, die Schülerinnen und Schülern im Verlauf ihrer Arbeit am Thema besonders gut gelungen sind. Ich will wirkliche Schülerleistungen bewerten, nicht künstlich entstandene Arbeiten, an denen nur noch die spätere Zensur interessiert, nicht Thema und Inhalt.

© Verlag an der Ruhr, Postfach 102251, 45422 Mülheim an der Ruhr

Vom „Ich und meine Klasse" ...

2
Fertige Arbeitsergebnisse
(gestaltete Blätter)
legt Sascha in den
„Fächer-Briefkasten"
im Klassenraum.

3
Die Lehrerin nimmt freitags
alle abgegebenen Blätter mit
nach Hause und sieht sie durch.
Am Montagmorgen legt sie die
Blätter wieder in das Ablagefach
jedes Schülers zurück.

1
Hier arbeitet
Sabine.

6
Markus ist gerade dabei,
seine Blätter einzuheften
und in die richtige
Ordnung und Reihenfolge
zu bringen.

5
Ramonas Blatt
ist in Ordnung.
Sie kann es gleich
in ihren Ordner
abheften.

4
Thorsten ist
etwas sauer.
Er muss sein Blatt
korrigieren oder
neu machen.
Die Neufassung
legt er später
wieder in den
Fächerbriefkasten.

**Freie Arbeit im Ablauf:
Folgen Sie den Pfeilen!**

© Verlag an der Ruhr, Postfach 102251, 45422 Mülheim an der Ruhr

4.2.
Klassen-Öffentlichkeit

Freinet formulierte das große Ziel der „Selbstverwaltung der Schulklasse" – eine wichtige Orientierung.

- Ich versuche, in der Klasse eine Öffentlichkeit herzustellen über alle Probleme, die entstehen. Jeden Montag in der 6. Stunde ist **„Klassenversammlung"**. Da besprechen wir Klassenprobleme, Schwierigkeiten der SchülerInnen untereinander, mit mir usw. Dabei planen wir aber auch die Arbeit. Manche Themen kommen von den SchülerInnen, andere bringe ich ein. Dasselbe gilt für die Arbeitsaufgaben. Erst nach einer solchen Versammlung verfasse und verteile ich das „Inhaltsverzeichnis" zu einem Thema. Geleitet wird die Klassenversammlung von den beiden Klassensprechern. Eine Art der Vorbereitung ist die klasseninterne Wandzeitung mit dem Titel *„Unter uns"*: SchülerInnen tragen hier im Laufe der Woche Kritik und Vorschläge ein. Die Rubriken dieser Wandzeitung: „Das schlage ich vor:", „Das finde ich nicht gut:", „Das fand ich gut:", „Das will ich wissen:".

- Freitags schließlich (manchmal auch zwischendurch, je nach Bedarf) ist unsere **„V-Stunde"**: SchülerInnen tragen Unterrichtsergebnisse vor, referieren, spielen Szenen vor, erläutern Plakate und Wandzeitungen usw. Diese Stunden gestalten wir (weil sie ja wichtig sind!) stets auf besondere Weise. V-Stunde bedeutet Vortrags-Stunde und wurde von den SchülerInnen so genannt.

- Schließlich brauche ich die aktive Mitarbeit vieler SchülerInnen bei der Organisation unserer Arbeit in der Klasse. Wir haben viele **Klassenämter:** Klassensprecher, Stellvertreterin, Verantwortliche für: Klassenkasse, Klassentagebuch, Ordnung im Klassenraum, Material, Blumen und Pflanzen, Druckerei/Schreibmaschinen, Tafeldienst, Küchenecke, Klassenbücherei. Eigentlich hat jeder Schüler/jede Schülerin eine Aufgabe.

- Zur Klassen-Öffentlichkeit gehört die **Dokumentation und Veröffentlichung der Unterrichtsergebnisse.** Auch dazu haben wir uns unsere eigenen Medien geschaffen:
  → **Themenhefte:** Die SchülerInnen heften die Arbeiten zu einem Thema zusammen zu einem kleinen Heft oder Buch.
  → **Klassenzeitungen:** Beiträge von Gruppen oder einzelnen SchülerInnen werden von einer wechselnden Redaktionsgruppe zu einer Zeitung (4 bis 8 Seiten) zusammengefasst. Beispiele: *„Neues von gestern"* ist unsere Geschichtszeitung, bisher in 3 Ausgaben erschienen. *„Erste Sahne"* ist unsere neue Klassenzeitung. Nr. 1: Klassenfahrt nach Oberstaufen, Nr.2: Wir über uns, Nr. 3: Unser Poesiealbum. Geschrieben werden kann mit der Hand oder mit der Schreibmaschine. Auch eine kleine Druckerei steht zur Verfügung. Zur Einführung in die Drucktechnik für alle SchülerInnen dient unser Projekt „Unser Poesiealbum"' wobei jeder einen Spruch seiner Wahl selbst setzt und druckt.
  → **Berichte über Ereignisse** in der Klasse/Schule **in mündlicher Form** in der „V-Stunde" oder schriftlich für unser Klassentagebuch.

© Verlag an der Ruhr, Postfach 10251, 45422 Mülheim an der Ruhr

→ Vorstellungen/Vorträge:
SchülerInnen oder Gruppen
präsentieren ihre Arbeitsergebnisse vor der Klasse.

5.
Zeit-Räume

... und der Stundenplan?

Ich unterrichte 6 Wochenstunden
in meiner Klasse. Ich hätte gerne mehr
Stunden dort, aber auch so funktioniert
die beschriebene Arbeitsweise, wenn
auch manchmal die Zeit für besondere
Vorhaben und Projekte fehlt.
Aber deutlich geworden sollte sein:
SchülerInnen haben viele Frei-Räume
zum miteinander leben und lernen.
SchülerInnen Frei-Räume zu selbst-
bestimmtem und selbstorganisiertem
Arbeiten und Lernen zu geben, das
– so denke ich – ist die Antwort auf
viele brennende pädagogische Fragen:
von den Unterrichtsstörungen
über den Lehrerstress bis hin zum
„Leistungsproblem".
Zeit dafür muss da sein.
„Frei-Räume" brauchen
„Zeit-Räume".

5.1.
Zeit für SchülerInnen – Raum zum Lernen

„Freie Arbeit",
„handlungsorientierter Unterricht"
– gut und schön, meinen manche
Kolleginnen und Kollegen, aber:
„Woher die Zeit nehmen?"
Oder: „Wie schaffe ich dann
meinen Stoff?"

Meine Antwort, die ich im
Folgenden mit Beispielen und
Vorschlägen konkret begründen will:
Die Zeit für freie Arbeit muss man
sich als LehrerIn nehmen!

© Verlag an der Ruhr, Postfach 102251, 45422 Mülheim an der Ruhr

Denn: Kinder und Jugendliche brauchen Zeit zum Lernen, zum eigenständigen und verantwortlichen Handeln. Der 45-Minuten-Fließbandtakt unserer Schulstunden bringt Zeitdruck und Lernstress und nimmt Schülerinnen und Schülern Möglichkeiten, auf vielfältige Weise ihren eigenen Lernweg zu beschreiten.

Aber die „Stoffprobleme"?

Wenn damit gemeint ist, dass das Lehrbuch am Ende des Schuljahres möglichst komplett „durchgenommen" sein soll, dann hat man eigentlich nur ein Problem mit dem Stoff: Dass die Buchseiten bewältigt worden sind, aber nur sehr wenig vom Stoff hängen geblieben ist.

Die Lehrpläne übrigens bieten in aller Regel mehr Freiräume, als wir uns das manchmal vorstellen.

Nur: Die abgeleiteten „Stoffverteilungspläne" entsprechen nur allzu oft einer Kurzfassung des Inhaltsverzeichnisses des jeweiligen Lehrbuchs.

Das war polemisch? Mag sein. Aber ein Verständnis von Lehrplänen als Richtschnur und Wegweiser für Lehrerinnen und Lehrer, Schüler für Inhalte zu interessieren und sie möglichst selbstständig daran arbeiten zu lassen – das erscheint mir aktuell und notwendig.

Mehr Zeiträume für SchülerInnen also ergeben mehr Freiräume für intensiveres Lernen!

Struktur = Klarheit

SchülerInnen möglichst selbstständig lernen zu lassen, erfordert eine klare Struktur des Unterrichts. Das gibt die Sicherheit für eigenständige und individuelle Lösungen.

Ich organisiere meinen Unterricht in den Stunden, die ich in meiner 8. Klasse habe, „epochal". Die folgende Struktur aber kann auch im normalen Stundenplanraster ohne Probleme realisiert werden. Selbst im Fachunterricht mit 2 Stunden in der Woche ist dieser Weg gangbar und erfolgreich. Ich mache diesen Weg klar am Beispiel einer Unterrichtsreihe über die „Geschichte der USA bis nach dem Bürgerkrieg 1865", die ich im vergangenen Halbjahr durchgeführt habe.

❶ Einstieg, Themenstellung

Ich mache vor jedem neuen Unterrichtsinhalt eine „persönliche Ideenkonferenz": Auf einem großen Blatt skizziere ich alle Ideen zu dem Thema, entwerfe eine Struktur, sichte Schulbücher und andere Materialien. Auch die SchülerInnen wissen ein, zwei Wochen im voraus das neue Thema und können sich Gedanken dazu machen. Meistens hängt ein Plakat im Klassenraum, wo SchülerInnen Aktivitäten aufschreiben können, die sie einbringen können (z.B.: „Ich kann ein Fort aus Playmobil mitbringen").

❷ LehrerInnen und SchülerInnen planen die Arbeit

Montags, 6. Stunde, „Klassenversammlung". Ich habe meine Vorschläge im Kopf, die SchülerInnen haben auch welche (zumindest für das Beispielthema; bei der „Französischen Revolution" z.B. musste ich – da weniger Vorwissen vorhanden – viel stärker vorstrukturieren). So entsteht eine inhaltliche Struktur, die ich dann als „Inhaltsverzeichnis" für die Klasse aufbereite (siehe den Abschnitt „Frei-Räume"):
- Die Entdeckung Amerikas
- Die Unabhängigkeit von England
- Das Schicksal der Indianer
- Das Schicksal der Schwarzen
- Der Bürgerkrieg

Vom „Ich und meine Klasse" ...

Die Arbeitsaufgaben werden gemeinsam festgelegt:

1) Zu jedem dieser Themen gestaltet jede Schülerin/jeder Schüler mindestens ein Blatt für seine „Geschichtsabteilung" im Ordner (siehe zur Arbeitsorganisation ebenfalls den Abschnitt „Frei-Räume"). Gemeinsam legen wir fest, wie lange wir am Thema arbeiten wollen und können.

2) Arbeitsgruppen bearbeiten eines der genannten Themen intensiver in Gruppenarbeit. Die Gruppen überlegen, welches Produkt sie wann der gesamten Klasse vorstellen können.

❸ **LehrerIn bereitet ein Materialpäckchen vor**
Das „Materialpäckchen" besteht aus (meist kopierten) Blättern, mit denen die SchülerInnen arbeiten können: Illustrationen, Bilder, Zeichnungen, Tabellen, Texte, Hinweise auf Material und „Fundstellen" in Schulbuch und Literatur. Das „Materialpäckchen" ist also gleichzeitig Arbeitsgrundlage und „Fundamentum".
Die Gruppen erhalten für ihre Arbeit – wenn nötig – noch weitergehendes Material.
Die SchülerInnen übrigens besorgen ebenfalls Material: Sachbücher zum Thema aus der Stadtbücherei, Zeitschriften, Poster, Broschüren usw. Beim Beispielthema führte das dazu, dass sich aufgrund etlicher Reisebüroprospekte über USA-Reisen eine Arbeitsgruppe „USA heute" bildete, die ich nicht vorgeplant hatte, die aber wirklich hervorragend arbeitete.

❹ **Vorträge / Vorstellungen**
Jetzt fangen die SchülerInnen an zu arbeiten. Wann wer welches Thema für sich bzw. in seiner Gruppe bearbeitet, mit wem er wozu zusammenarbeiten möchte – das überlasse ich der Klasse. In den meisten Fällen funktioniert das völlig natürlich, ohne dass ich eingreifen muss. Meine Aufgabe besteht in der Beratung und der Koordination der Arbeit. Am Ende jeder Woche sichte ich die fertigen Arbeitsergebnisse und weiß so genau, wer was gemacht hat. Mit den Gruppen bespreche ich die Termine für ihren Vortrag, ihre Vorstellung. Die Termine kündige ich per Aushang im Klassenraum an. Jede Gruppe also hielt ihren Vortrag zu den oben genannten Einzelthemen, übrigens achte ich darauf, dass nicht immer nur der „Gruppenstar" vorträgt. Die vorgestellten Arbeitsergebnisse waren unterschiedlich: Von der Wandzeitung mit einem Strukturbild der US-Verfassung über ein Fort mit Indianerangriff, von prächtigen Plakaten über die landschaftlichen Schönheiten der USA, über Wandzeitungen zu aktuellen politischen Problemen bis zu kleinen Spielszenen.

❺ **Die SchülerInnen geben ihr persönliches Arbeitsprodukt ab**
Nach Ablauf des gemeinsam vereinbarten Zeitraums gibt jeder Schüler sein persönliches Arbeitsprodukt ab. Bei mir sammelt sich eine Reihe gestalteter Blätter für den Ordner, die am Ende des Schuljahres zu einem „Geschichtsbuch" zusammengeheftet werden. (Entsprechendes geschieht mit den Arbeitsergebnissen für die anderen Fächer.)
Sehr gern erarbeiten die SchülerInnen auch unsere Klassenzeitungen: „Neues von gestern" für den Geschichts-, „Erste Sahne" für den Deutschunterricht. Auch diese Zeitungen entstehen vom Verfassen über das Tippen bis zum Layout während des Unterrichts. Manchmal machen Schüler dafür freiwillig „Überstunden". Auf die Resultate sind wir immer gemeinsam stolz.

© Verlag an der Ruhr, Postfach 102251, 45422 Mülheim an der Ruhr

Trainings-programm

Neben der Arbeit an einem bestimmten Unterrichtsthema läuft die Arbeit an unserem „Monats-programm", einem Übungspensum, das jeden Monat neu (den Zeitpunkt und die Reihenfolge wählen die Schüler frei) bewältigt werden muss. Beschlossen wurde das Monats-programm bei einer unserer Klassenversammlungen.
Zu diesem „Monatsprogramm" gehören zur Zeit:

- 2 Übungsdiktate (Partnerdiktat aus unserer Textsammlung oder das „Kopfhörerdiktat" – Übungstexte auf Kassette gesprochen, werden über Walkman abgehört und geschrieben),

- 4 Karteikarten aus der Recht-schreib- und/oder Ausdruckskarte nach eigener Wahl: Die Nummern der bearbeiteten Karten werden auf dem entsprechenden Poster eingetragen, das an der Klassenzimmerwand hängt. Die SchülerInnen kontrollieren ihre Ergebnisse selbst, ich behalte durch eine Klassenliste den Überblick, welche SchülerInnen wann was geübt haben, und kann erforderlichenfalls mit einzelnen SchülerInnen bespre-chen, dass sie ihr Trainingspensum erhöhen usw.

Im nächsten Schuljahr soll das Monatsprogramm noch um einen monatlichen freien Text oder Vortrag erweitert werden.

5.2.
Freie Arbeit im Stundenplan

Welche Möglichkeiten gibt es nun, entweder Phasen freier Arbeit oder ein ähnliches Konzept wie das oben skizzierte in einen normalen Lehrer-stundenplan einzupassen?

❶ Freiarbeit im Fachunterricht
Im Fachunterricht (z.B. auch in einer Klasse, in der ich *nur* 2 Stunden Geschichte hatte) arbeitete ich nach der oben erwähnten Struktur (natürlich ohne „Monatsprogramm" in diesem Fall). Das entlastete schon meinen Fachunterricht von den unnötigen Mühen des frontalen „Schritt-für-Schritt-Unterrichts".
Ich glaube, so fängt man am besten an: In einem Fach (oder einem Teil-bereich davon, in Deutsch z.B. in Rechtschreibung) nach der oben angegebenen Struktur zu arbeiten, bzw. SchülerInnen arbeiten zu lassen.

❷ Freiarbeitsblöcke im Stundenplan
Diese Möglichkeit setzt voraus, dass der/die LehrerIn mindestens zwei Fächer in der Klasse hat, oder ein Fach mit mehreren Stunden, z.B. Deutsch. Die restlichen Stunden würden dann weiter wie gewohnt erteilt. Die Frei-arbeitsstunden werden am besten in *Doppelstunden* gelegt, damit Schüler auch wirklich Zeit haben, selbstständig zu arbeiten. In den Freiarbeitsstunden würden dann Aufgaben aus den genannten Lernbereichen selbstständig bearbeitet, hinzu kämen Übungsauf-gaben und nach Möglichkeit Aufgaben, aus denen SchülerInnen auswählen können (Pflichtaufgaben, Wahlaufgaben, Ideen für die „ganz freie" Arbeit).

© Verlag an der Ruhr, Postfach 102251, 45422 Mülheim an der Ruhr

Vom „Ich und meine Klasse" ...

Unterricht mit „Epochalthemen"

Meine Klasse arbeitet nach „Epochalthemen". Das heißt: In den z. Z. sechs Stunden, die ich in meiner Klasse Unterricht habe, arbeiten die SchülerInnen an einem Thema und an ihrem Monatsprogramm. Damit eine Vorstellung entsteht, hier als Beispiel meine Planung für das vergangene Halbjahr:

Den ersten Schritt tun!

Dieser Beitrag sollte nur Vorschläge machen. Ich wollte mein Konzept darstellen, um Sie zu ermutigen, Ihren Weg zu finden. Die oft erhobene Forderung nach selbstbestimmtem Lernen ist einlösbar.

Beispiel für einen Halbjahresplan

Schulwoche	Thema	Fach
1	Klassenraumgestaltung, Arbeitsorganisation	Deutsch
2–4	„Bücher" (mit Einrichtung der Klassenbücherei)	Deutsch
5–7	Geschichte der USA	Geschichte/Politik
	– Herbstferien –	
8/9	„Arbeitsplätze"	Arbeitsl./Wirtschaft
10–12	„Tageszeitungen"(mit Herstellung der ersten Klassenzeitung)	Deutsch
13/14	Weihnachtsgeschichten/-gedichte/-szenen	Deutsch
	– Weihnachtsferien –	
15–17	„Französische Revolution"	Geschichte/Politik
18	Arbeitszeit/Arbeitszeitverkürzung	Arbeitsl./Wirtschaft

Wie aber kann man seinen halbjährlichen Unterricht in einer Klasse in thematische „Epochenblöcke" umlegen? Die Tabelle zeigt ein Beispiel:

Beispiel für die Berechnung von Epochenblöcken

(Annahme: 20 Unterrichtswochen im Schulhalbjahr, laut Std.-Plan 7 Wochenstd. in den 3 Fächern)

Deutsch: 4 Wochenstd. x 20 = 80 Std. im Halbjahr : 7 = 11,4→10 Unterrichtswochen im Halbjahr
Geschichte/Politik: 2 Wochenstd. x 20 = 40 Std. im Halbjahr : 7 = 5,7→ 7 Unterrichtswochen im Halbjahr
Erdkunde: 1 Wochenstd. x 20 = 20 Std. im Halbjahr : 7 = 2,8→ 3 Unterrichtswochen im Halbjahr

gesamt: 7 Wochenstd.　　140 Std. im Halbjahr　　20 Unterrichtswochen im Halbjahr
des Lehrers/der Lehrerin in der angenommenen Klasse

Jetzt können die jeweiligen Unterrichtswochen auf die Epochenthemen aufgeteilt werden. Bei fächerübergreifenden Projekten werden die Anteile der einzelnen Fächer grob geschätzt.

Wohlgemerkt: In den anderen Fächern läuft dann der normale Unterricht weiter. Allerdings ist es wünschenswert, möglichst viele Fächer in diese Arbeitsweise einzubeziehen.

© Verlag an der Ruhr, Postfach 102251, 45422 Mülheim an der Ruhr

SchülerArbeiten

1.
Lernen „mit Kopf, Herz und Hand"

1.1.
Was SchülerInnen im Unterricht alles machen können

Seit jeher konzentriert sich die Schule auf die Belehrung durch Worte und Symbole. Das liegt unter anderem an der spezifischen Schulkultur, die sich im Laufe der Geschichte der Schule entwickelt hat, es liegt an der Bedeutung von Sprache und Mathematik für unsere Kultur, es liegt aber auch

© Verlag an der Ruhr, Postfach 102251, 45422 Mülheim an der Ruhr

am eigentümlichen Charakter von Schule als separater Institution, die nicht das Leben, sondern nur das Lernen betreiben will. Kritik an der Absonderung des Lernens vom Leben besteht schon lange. Aktuell sind die Forderungen nach mehr Lebensnähe, nach einem Eingehen auf die Interessen und Bedürfnisse der SchülerInnen, nach Schüler- und Handlungsorientierung, Ausdruck dieser Kritik.

Schon **Pestalozzi** sah sich zu der Mahnung veranlasst, die Schule bringe „dem Menschen das Urteil in den Kopf, ehe er die Sache sieht und kennt." Zum „Maulbrauchen" halte sie an, statt zu Erfahrung und praktischem Tun.

Célestin Freinet stellte sarkastisch fest: „Seien wir ehrlich: Wenn man es den Pädagogen überlassen würde, den Kindern das Fahrradfahren beizubringen, gäbe es nicht viele Radfahrer."

Praktisches Lernen: Ein Thema für alle Schulformen!

Alle reformpädagogischen Ansätze seit **Pestalozzi** und **Rousseau** haben den gemeinsamen Kern, Schülerinnen und Schülern Möglichkeiten selbstständiger Aktivität und eigener Erfahrung zu schaffen, SchülerInnen zum Subjekt des Lernens zu machen: „den Schülern das Wort zu geben", wie Freinet sagte.

Längst ist bewiesen, dass SchülerInnen nicht in die „Praktisch-bildbaren", „Handwerklich-orientierten" und die „Abstraktionsfähigen" eingeteilt werden können, die man daraufhin in entsprechende Schulformen (Hauptschule, Realschule, Gymnasium oder Gesamtschule) einweisen kann.

Der Fortbestand des einseitigen, verbal ausgerichteten Unterrichts und

die Notwendigkeit seiner Überwindung durch mehr Sinn und Sinnlichkeit ist ein Thema für alle Schulformen der Sekundarstufe I. Auch für Realschule und Gymnasium gilt die Forderung nach „handlungsorientiertem Unterricht", nach „praktischem Lernen":

„Mit dem – bewusst offenen – Begriff des ‚praktischen Lernens' sollen einige reformpädagogische Einsichten in Erinnerung gerufen, einige neuere Überlegungen dazugesetzt – nicht aber alte Gegensätze wieder belebt werden: **praktisches gegen theoretisches Lernen, manuelle gegen geistige Begabung, Lebensnähe gegen Wissenschaft ...**

Worauf aber hier aufmerksam gemacht werden soll, ist, dass junge Menschen einen viel breiteren Zugang zur Wirklichkeit benötigen und dass sie, in ihrem Hunger nach Erfahrung, selber die Breite und Vielfalt der Lernwege wünschen und suchen.

Der Begriff ‚praktisches Lernen' will zunächst daran erinnern, dass alles Lernen aktiv ist, dass diese Aktivität einen Teil des menschlichen Lebens ausmacht und einen Anspruch darauf hat, in diesem Lebenszusammenhang gesehen zu werden.

‚Praktisches Lernen', das heißt: lernender Zugang zur Wirklichkeit, nicht nur zu den intellektuellen und symbolischen Kategorien ihrer Deutung, sondern zur Wirklichkeit unserer sozialen, technischen, ökonomischen und unserer künstlerischen Welt." [1]

---

1) Flitner, Andreas: Lernen mit Kopf, Herz und Hand, in: Lernen. Ereignis und Routine. Friedrich Jahresheft IV, Velber Verlag 1986, S. 8 ff.

© Verlag an der Ruhr, Postfach 102251, 45422 Mülheim an der Ruhr

Im handlungsorientierten
Unterricht geht es darum, dass
* SchülerInnen und LehrerInnen
  gemeinsam versuchen, etwas
  mit Kopf, Herz, Händen, Füßen
  und allen Sinnen zu machen,
* dabei sinnvolle Handlungsergebnisse
  und -produkte entstehen,
* SchülerInnen an der Planung des
  Lernens und an der Gestaltung der
  Handlungsprozesse beteiligt werden,
* der Klassenraum verlassen wird,
  um auch außerschulische Lernorte
  aufzusuchen,
* die Unterrichtsergebnisse einer
  schulischen und/oder außerschulischen
  Öffentlichkeit zugänglich gemacht
  werden können.

1.2.
Was SchülerInnen selbst erledigen können

Im Folgenden will ich eine Reihe von
Anregungen und Ideen für „Schüler-
Arbeiten" auflisten – Bausteine für ein
Konzept schüler- und handlungsorien-
tierten Unterrichts, das allerdings jeder
Kollege/jede Kollegin gemeinsam mit
seinen/ihren SchülerInnen praktisch
entwickeln muss:

Planen und Besprechen
☐ Vorschläge machen
☐ Gruppen bilden
☐ eine Betriebsbesichtigung
  vorbereiten, durchführen, auswerten
☐ Geschichten erzählen
☐ Umfragen organisieren
☐ Bücher und Materialien zu einem
  Thema beschaffen und sichten
☐ ein Projekt planen
☐ Klassenprobleme besprechen

Spielen
☐ Rollenspiele machen
☐ Szenen ausdenken und vorspielen
☐ Gedichte, Geschichten, Szenen
  aus Büchern nachspielen
☐ ein Lied einstudieren
☐ ein Hörspiel ausdenken
  und aufnehmen

Schreiben und Veröffentlichen
☐ Nachrichten, Kommentare,
  Berichte, Geschichten schreiben
☐ Lieder oder Gedichte erfinden
☐ über sich selbst oder
  MitschülerInnen schreiben
☐ Zeitungen und Zeitschriften
  machen
☐ ein Klassentagebuch gestalten
☐ Wandzeitungen machen
☐ Protokolle schreiben
☐ mit einer anderen Klasse
  korrespondieren
☐ Einladungen, Programme,
  Briefe schreiben
☐ ein Buch schreiben, zusammenstellen,
  gestalten und selbst binden
☐ mit der Schreibmaschine schreiben

Mit Bildern darstellen
☐ Fotos machen
☐ Fotomontagen und Collagen
  gestalten
☐ einen Videofilm drehen
☐ Bildszenen, Comics, Karikaturen
  selbst machen

Experimentieren und Konstruieren
☐ Experimente durchführen und erklären
☐ Modelle bauen

Aktionen
☐ Sportfest vorbereiten
☐ einen Spielenachmittag für
  jüngere SchülerInnen organisieren
☐ eine Disko veranstalten
☐ eine Autorenlesung durchführen
☐ eine Ausstellung vorbereiten
  und dafür werben.

© Verlag an der Ruhr, Postfach 10251, 45422 Mülheim an der Ruhr

Alltägliche Beispiele

Schließlich einige Beispiele aus dem alltäglichen Unterricht in „meiner" 8. Klasse, die vielleicht die eine oder andere wieder verwertbare Anregung enthalten:

• Michael P. und Sabine A., unsere Klassensprecher, führen jeden Montag die Klassenversammlung durch. Dabei geht es um Probleme der SchülerInnen untereinander, um Schwierigkeiten zwischen LehrerInnen und SchülerInnen, um die Planung der weiteren Arbeit in der Klasse.

• In der Klasse gibt es eine Küchenecke mit Kaffee- und Teemaschine, Tassen, Kühlschrank usw. In Phasen freier Arbeit und bei kleinen Feiern gibt es Kaffee, Tee und selbstgebackenen Kuchen. Einkauf und Organisation liegen ganz bei den SchülerInnen.

• Ebenso selbstständig versorgen die SchülerInnen die Tiere und Pflanzen in der Klasse.

• Jeden Tag schreibt jemand anderes von unseren SchülerInnen einen Beitrag für das Klassentagebuch, das so zu einer recht umfänglichen Chronik des Klassenlebens wird – übrigens ganz aus SchülerInnensicht. Die Beiträge werden täglich vorgelesen.

• Die Wandzeitung „Unter uns" gibt die Möglichkeit, Kritik und Vorschläge festzuhalten. Die Einträge sind eine Grundlage für die Klassenversammlung. Rubriken: „Das schlage ich vor", „Das finde ich nicht gut", „Das fand ich gut", „Das will ich wissen".

• Die aktuelle Wandzeitung „Was meinst Du dazu?" enthält einen von SchülerInnen ausgewählten Zeitungsartikel (oder eine Collage) zu einem aktuellen Thema. Rundherum ist Platz für Meinungsäußerungen (im Laufe der Woche muss jeder Schüler/jede Schülerin mindestens einen Satz dazu schreiben). Je eine Gruppe gestaltet reihum diese Zeitung.

• Zwei SchülerInnen besorgen jeden Monat neu eine Bücherkiste aus der Stadtbibliothek: interessante Jugendliteratur, aber auch Sachbücher zu unterrichtlichen Themen.

• Die Klasse nimmt an Wettbewerben teil und erarbeitet entsprechende Beiträge. Zuletzt wurden Bilder für einen SchülerInnenwettbewerb der Volks- und Raiffeisenbanken gemalt zum Thema „Wasser ist Leben".

• In Gruppenarbeit entstehen eigentlich zu jedem Thema Wandzeitungen, Plakate und Collagen. Diese kann man durch eine kleine Ausstellung auch der Schulöffentlichkeit zugänglich machen. So bekommen diese Arbeitsergebnisse zusätzlichen Sinn.

• Eine Ausstellung von Arbeiten der SchülerInnen zu einem bestimmten Thema – in der Schule, in der Filiale der Stadtbücherei oder der Sparkasse – ist überhaupt eine gute Möglichkeit, Unterrichtsergebnisse öffentlich vorzustellen.

• Meine SchülerInnen haben keine Hefte. Fertige Arbeitsergebnisse werden in Ordnern abgeheftet und später zu kleinen Büchern oder Mappen zusammengeheftet. So bleiben Resultate individuellen Lernens weiterhin verfügbar und begreifbar.

© Verlag an der Ruhr, Postfach 102251, 45422 Mülheim an der Ruhr

- Texte können in der Klasse mit der Schreibmaschine (oder dem PC) geschrieben oder in der Schuldruckerei gedruckt werden.

- Im Laufe der Erarbeitung eines Themas entstehen Klassenzeitungen. Texte werden geschrieben und getippt, Seiten gestaltet, Bilder ausgesucht oder selbst gezeichnet. Dann kopiere ich die Zeitungen im Klassensatz.

- Schließlich planen wir unsere ersten „Bücher": „Wir über uns" mit Beiträgen von SchülerInnen über sich selbst und ihre MitschülerInnen und ein „Geschichtenbuch" mit Phantasiegeschichten (Titel steht noch nicht fest) sind derzeit in Arbeit. Sie sollen selbst geschrieben, illustriert und gebunden werden und einen Umfang von jeweils 20 bis 30 Seiten haben.

„Schülern das Wort geben",
sie einbeziehen,
ihnen etwas zutrauen,
sie etwas wirklich tun lassen:
Versuchen Sie es!

2.
Die Klassen-Gemeinschaft

2.1.
Lebendiges Schulleben, anderer Unterricht, soziales Lernen

„Unterrichtsstörungen" – was ist das eigentlich? Rainer Winkel definiert: „Eine Unterrichtsstörung liegt dann vor, wenn der Unterricht gestört ist, d.h. wenn das Lehren und Lernen stockt, aufhört, pervertiert, unerträglich und inhuman wird."[1]

Ganz zufrieden bin ich nicht damit. Kann es nicht auch sein, dass ein Unterricht nach dem Spruch „Wenn alles schläft und einer spricht – dieses nennt man Unterricht!" SchülerInnen beim „richtigen" Lernen stört bzw. sie davon abhält, sich intensiv mit einer Sache zu befassen?

Eine Störung ist jedenfalls immer eine Normabweichung. Doch da gehen die Fragen schon wieder los: Wer weicht wann von wessen Normen ab? Machen wir es uns nicht zu einfach: Was als Normabweichung gilt, hängt von der subjektiven Wahrnehmung des Lehrers/der Lehrerin und seiner/ihrer SchülerInnen ab

---

1) Winkel, Rainer: Der gestörte Unterricht. Kamp-Verlag, Bochum 1980, S. 26.

© Verlag an der Ruhr, Postfach 10225J, 45422 Mülheim an der Ruhr

sowie von institutionell verankerten gesellschaftlich anerkannten Verhaltenserwartungen. Und beide Faktoren unterliegen einem fortwährenden Wertewandel.

Null-Bock-Mentalität, Desinteresse, Verweigerung, Ausflippen ... sind Stichworte vieler Gespräche in den Schulen. Die damit gemeinten Verhaltensweisen sind ein Ausschnitt aus dem schulischen Alltag. Andererseits stellen LehrerInnen zumindest punktuell fest, dass die mit solchen Etiketten belegten SchülerInnen auch Interesse und Engagement zeigen können, allerdings kaum in den Angeboten des „normalen" Unterrichts. Die spezifische Beschaffenheit der Lernumwelt und der Lernmöglichkeiten beeinflussen SchülerInnen also positiv oder negativ. Zu fragen ist, warum es nicht viel besser gelingt, Schullust bei SchülerInnen zu wecken und aufrechtzuerhalten, u.a. dadurch, dass SchülerInnen sich Erfolgserlebnisse verschaffen und insgesamt mehr tun können, als sich schriftlich/mündlich am Stoff oder Lehrbuch entlang zu hangeln.

Verhaltensstörungen können eben auch durch die Gegebenheiten der Institution Schule hervorgerufen und verstärkt werden:

• Immer noch geht es im Unterricht eher um Wettbewerb als um Zusammenarbeit, geht Konkurrenz vor Solidarität.

• „Kopfbildung" wird eher versucht als die pädagogisch-planmäßige Entwicklung eines „Lebens- und Lernraums" in Schule und Unterricht, der SchülerInnen reichhaltige Erfahrungs- und Lernmöglichkeiten bietet.

• Denn die Schulklasse, formulierte Ivan Illich, ist „eine Zwangsgemeinschaft im Sinne einer fremdbestimmten Konkurrenzgruppe mit kopflastigen Kommunikations- und Autoritätsstrukturen".

LehrerInnen, die die Klassengemeinschaft fördern wollen, müssen mit diesen grundsätzlichen Widersprüchen rechnen.

© Verlag an der Ruhr, Postfach 102251, 45422 Mülheim an der Ruhr

Erziehender Unterricht und Schulleben

Sozialerziehung in der Schule muss sich um die Gestaltung eines schüler-, lehrer- und elternfreundlichen Schullebens bemühen. Ein vielfältiges Schulleben ist für SchülerInnen eine ständige Herausforderung und bietet ein reiches Feld von Möglichkeiten sozialen Lernens. *„Schule als Lebensraum"* propagierte Peter Petersen: als Ernstfall sozialen Lernens, als erfahrene und gelebte Mitmenschlichkeit und Solidarität.

Ein so verstandenes Schulleben ist kein schmückendes Beiwerk zu den Strukturen des „Buch- und Wortunterrichts". Bausteine des Schullebens sind sowohl die Gestaltung außerunterrichtlicher Situationen (Pausen, Feste und Feiern, Klassenfahrten, Flure und Foyer, Arbeitsgemeinschaften usw.) als auch der Unterricht selbst. Denn „ein guter Unterricht trägt sicher maßgeblich zur Entstehung und Aufrechterhaltung eines produktiven Gesamtklimas bei" **(Michael Rutter)**.

Unterricht, der erzieherische Wirkungen zeitigt (also „erziehender Unterricht", wie die Grundschulrichtlinien formulieren), kann nicht auf der Übernahme der Mechanismen der Unterhaltungsindustrie basieren („Die Videokassette als Rettungsanker"), auch nicht auf der sozialen „Einbahnstraßenkultur" des frontalen „Gleichschrittunterrichts". Auch das gut gemeinte „Sich-Einlassen" auf die SchülerInnen als Personen ist unzureichend. Schule wird erst dann alternative schulische Erfahrungen ermöglichen, wenn es auch zum wirklichen Umgang mit Inhalten kommt. *„Fühlung mit der Sache"* nannte **Martin Wagenschein** das.

„Erziehender Unterricht" meint also die Kombination sich entwickelnden sozialen Umgangs in Klasse und Schule mit einer tieferen Erfahrung der Sachen/Inhalte. Nur kommunikative Konzeptionen der Didaktik vergessen, dass Unterricht nicht auf Kommunikation reduzierbar ist, wenn das Ziel der Schule, nämlich die Auseinandersetzung mit Gegenständen und Tatsachen, erreicht werden soll. Von der „Dialektik zwischen Sachlichkeit und Mitmenschlichkeit" sprach **Theodor Ballauff**. Gefordert aber ist ein handelnder, produktiver Umgang mit den Dingen, wie ihn die Arbeitsschulpädagogik in der Weimarer Zeit in Deutschland oder die Pädagogik Célestin Freinets wollten.

2.2.
Der Weg zur Klassengemeinschaft

Auf den Weg zur Klassengemeinschaft müssen sich SchülerInnen und LehrerInnen gemeinsam begeben. Eine Schulklasse muss keine bloße Ansammlung von Kindern und Jugendlichen bleiben, die nur durch das Interesse an der Prozentrechnung oder den Wunsch Englisch zu lernen, zusammengehalten wird – auf jeden Fall aber durch die allgemeine Schulpflicht.

Durch das Kennenlernen untereinander und die Kommunikation mit dem Lehrer/der Lehrerin (nicht über ihn/sie!), die Bildung von Arbeitsgruppen und die gemeinsame Erarbeitung von Regeln und Zielen kann die Klasse ein „Wir-Bewusstsein" entwickeln.

© Verlag an der Ruhr, Postfach 10251, 45422 Mülheim an der Ruhr

Die Klasse wird für den Einzelnen zum Bezugssystem und vermittelt das Gefühl der Zugehörigkeit.

Ich behaupte nicht, dass der Weg zur Klassengemeinschaft konfliktfrei und harmonisch verläuft. Aber Rückschläge, Widersprüche, Konflikte sind Herausforderungen, die gemeinsam bewältigt werden müssen.

Jugendsoziologische Untersuchungen haben erbracht, dass Schule für viele SchülerInnen auch Treffpunkt ist, eine Art „heimliches Jugendzentrum". Wenn das aber vielfach nur unter der Oberfläche so sein kann, dann wird es wichtig, Schule und Klassenräume als „Lebens-Raum" zu gestalten, der SchülerInnen das Gefühl eines „Wir-Ortes" gibt.

Raum zum Leben

• Die gemeinsame Einrichtung des Klassenraumes (mit Bildern, Collagen, Wandzeitungen, einer Klassenbücherei, einer Leseecke, vielleicht auch einer Tee- und Kaffee-Ecke, der Umgang mit Pflanzen und Tieren) eröffnet ein weites Feld sinnvoller Aktivitäten.

• Das Erproben verschiedener Sitzordnungen mit Beurteilung durch die SchülerInnen, die Einrichtung von Gruppentischen für die Gruppenarbeit, das Gespräch über die Zusammensetzung der Gruppen bezieht SchülerInnen in die Gestaltung ihrer Lernbedingungen verantwortlich ein.

• Erzähl- und Meldeketten statt der Aneinanderkettung von Lehrerfragen, weiter die Einbeziehung der Klasse in die Planung, Durchführung und

Organisation des Unterrichts schaffen Ansatzpunkte für eine wirkliche Identifikation mit der Klasse insgesamt und dem Lernprozess.

• Klassenämter können von den SchülerInnen untereinander vergeben werden. In einer gestalteten Lernumgebung gibt es zahlreiche ganz konkrete Aufgaben, die von SchülerInnen verantwortlich bewältigt werden müssen. Man wird staunen, wie viel Eifer und Kreativität SchülerInnen für die Lösung selbstgewählter Aufgaben aufbringen.

Raum zum Lernen

• Auch Konflikte sind dann Formen des sozialen Kontaktes, können bearbeitet werden und man braucht sie nicht als unliebsame Störfälle unter den Teppich zu kehren.

• Ganz natürlich werden sich nach intensiven Arbeitsphasen Gespräche ohne festes Thema ergeben, und auch die „Klönstunde" braucht nicht mehr mit schlechtem Lehrergewissen zugelassen werden, ist sie doch Ausdruck freundlichen Miteinanders.

• Ich habe in Klasse 8 damit angefangen, eine feste Stunde in der Woche als „Klassenversammlung" einzurichten. Hier geht es unter Leitung der beiden Klassensprecherinnen um Probleme in der Klasse und um die Planung der gemeinsamen Arbeit. SchülerInnen sind als Persönlichkeiten akzeptiert und verantwortlich für Lernen und Leben in der Klasse. Die Klassenversammlung ist der Ort, an dem SchülerInnen und LehrerInnen gemeinsam die Arbeit organisieren: Planen, Arbeit und

© Verlag an der Ruhr, Postfach 102251, 45422 Mülheim an der Ruhr

Zeit einteilen, Ämter verteilen, Bilanzen ziehen, Probleme besprechen usw. Die Klassenversammlung ist die beschlussfassende Instanz der kooperativen Organisation des Unterrichts.

• In unserem Klassentagebuch halten wir die vielen kleinen und großen Ereignisse fest, viele Fotos über Klassenaktivitäten machen das Ganze zu einer immer wieder gern qelesenen „Chronik" des Klassenlebens. Wichtig daran: Die Klasse bekommt ein eigenes Gesicht, sie hat eine Geschichte!

• Die pädagogisch effektivsten Formen der Förderung sozialen Lernens sind Gruppenunterricht, projektorientiertes Lernen und Freie Arbeit. Nach möglichen Durststrecken wird die selbstverantwortliche kooperative Arbeit ein Höchstmaß an gegenseitigem „Aufeinander-Angewiesensein" entfalten und die sozialen Kontakte erheblich intensivieren.

• Unterrichtsergebnisse und eigene Texte veröffentlichen die SchülerInnen sowohl in der Schulzeitung, als auch in unseren Klassenzeitungen. Auch daran erfahren SchülerInnen: Was wir tun ist wichtig, und: Wir können etwas!

Kommunikativ-kooperativer Unterricht

Walter Bärsch hat diesen Begriff geprägt. Er meint, dass SchülerInnen in einem Lernfeld unterrichtet werden müssen, in dem man miteinander lernt.

Ein solcher Unterricht zielt auf ein Sozialverhalten, bei dem die notwendige Selbstbehauptung in einem

ausgewogenen Verhältnis zur Beachtung der Belange anderer steht. Das geht nur in einer Lernsituation, in der aktive soziale Beziehungen untereinander möglich sind.

Zusammengefasst bedeutet das:

Lernen muss handlungsbezogen sein
Das kognitive Lernen ohne Handlungselemente dominiert nach wie vor an unseren Schulen. Unterricht muss sich öffnen für reichhaltige Betätigungsmöglichkeiten. „Lernen mit Kopf, Herz und Hand" ist Programm dieser Öffnung.

Mitmenschliches Verhalten hat Mitwirkung bei der Unterrichtsgestaltung zur Voraussetzung
Partnerschaftliches, solidarisches Verhalten der SchülerInnen untereinander ist nur möglich, wenn beim Lernen Raum für soziale Interaktion vorhanden ist. Jeder Unterrichtsabschnitt also muss durch soziale Interaktion eingeleitet und begleitet werden. Kommunikation und Kooperation können dann als notwendig erfahren werden, um zu einem gemeinsamen Ergebnis zu kommen.

Die Beziehungen in der Klasse – und der Lehrer/die Lehrerin gehört dazu – müssen durch das Prinzip Solidarität bestimmt sein
In der vorherrschenden Form des Unterrichts sind Noten und „Leistung" die Quelle, aus der sich Selbstwertgefühl speisen kann. Im kooperativ-kommunikativen Unterricht gibt es keine „besseren" oder „schlechteren",

keine privilegierten oder unter-
drückten Mitglieder. Und wenn
– dann kommt das zur Sprache!
Positive Sozialbeziehungen werden
nur dort möglich, wo jeder einzelne
das Bewusstsein haben kann,
gleichberechtigt und gleichgeachtet
zu sein.

Die eigentliche Frage

Célestin Freinet nannte das Ziel der
Klassengemeinschaft *„die Schulklasse
als Kooperative"*: gemeinsames Leben
und Lernen in gemeinsamer Verantwortung. Diese konkrete Utopie im
Kopf und im Herzen, stellte Freinet
das „Problem der Disziplin" in neuem
Zusammenhang dar. Und er trifft
den Kern der Frage, wenn er schreibt:
*„Das Kind, das sich mit Begeisterung
betätigt, diszipliniert sich selbst,
sofern es nicht automatisch durch
die Arbeit an Ordnung gewöhnt wird.
Unsere wahre Arbeit besteht darin,
unseren Schülern alle erzieherisch
wirkenden Tätigkeiten zu erlauben,
die ihre Persönlichkeit zufrieden stellen,
die eine Disziplin voraussetzen, welche
ihre Motivation im gesteckten Ziel
findet. Das einzige Kriterium wird nun
nicht mehr die Frage sein: Sind die
Kinder brav, gehorsam und ruhig?
Sondern: Arbeiten sie mit
Begeisterung und Schwung?"*

3.
Über Noten und Zensuren

3.1.
Veränderter Unterricht und Leistungs- beurteilung

„Leistungsbeurteilung" bezeichnet
allgemein den Komplex der Reaktionen
von Schule auf mündliche, schriftliche
und Verhaltensäußerungen von
SchülerInnen. In der Regel erfolgt
Leistungsbeurteilung auch heute
noch in Form von Ziffern – also
Noten und Zensuren.

---

1) Freinet, Célestin, zit. nach
   Freinet, Elise: Erziehung ohne Zwang,
   dtv, Stuttgart 1986, S. 67

© Verlag an der Ruhr, Postfach 102251, 45422 Mülheim an der Ruhr

Die immer noch gängige Form der Leistungsbeurteilung ist schon seit Jahrzehnten pädagogisch fragwürdig geworden. Aber geändert hat sich kaum etwas daran.

Noten sind subjektiv!

* Wiederholt haben empirische Untersuchungen nachgewiesen, dass Beurteilungen von SchülerInnen-aufsätzen von Eins bis Sechs variieren.
* Vorurteile von LehrerInnen gegen-über SchülerInnen beeinflussen die Benotung massiv: Auch hier haben Untersuchungen schon in den 60er-Jahren klar gezeigt, dass bei SchülerInnen, die vom Lehrer/der Lehrerin für „gut" gehalten werden, bis zu 50 Prozent mehr Fehler übersehen werden als bei SchülerInnen, die als „schlecht" angesehen werden.
* Vor allem also sind es die verschie-denen Einstellungen von LehrerInnen zur Benotung, zum einzelnen Schüler/zur einzelnen Schülerin und zum jeweiligen Fach, die die Notengebung beeinflussen und deutlich subjektiv machen.
* Noten aber vermitteln (immer noch) die Illusion, dass sie objektiv und „gerecht" seien. Tatsächlich sind sie unzuverlässig und können gar nicht messen, was sie zu messen vor-täuschen.

Noten sind ungerecht!

Ungezählte Kinder wurden und werden fortgesetzt enttäuscht und in ihrem Lernwillen verletzt durch eine immer noch in vielen LehrerInnen-köpfen herumspukende Vorstellung:

Dass sich nämlich die Leistungsver-teilung in einer Klasse nach der „Gaußschen Normalverteilung" richten müsse. Danach muss es sehr wenig „sehr gute" Noten, wenig „gute", viele „befriedigende/ausreichende" Noten, dann wieder weniger „mangelhafte" und noch weniger „ungenügende" Noten geben.

Der *„Klassenspiegel"* ist nach wie vor ein ebenso gern geübtes wie sinnloses Ritual nach vielen Klassenarbeiten und Tests. Nirgendwo gibt es einen Anhaltspunkt oder gar eine Anweisung für ein solches Vorgehen, längst ist erziehungswissenschaftlich der Unsinn dieser „Normalverteilung" bewiesen – und doch wird noch viel zu oft danach verfahren. Und das auch noch unter der Überschrift „Gerechtigkeit". In der Realität lernen SchülerInnen dabei: „Es muss Schlechte geben!" Und die schwächeren SchülerInnen? Sie verlieren allmählich die Hoffnung auf Erfolg und werden nachhaltig entmutigt und – am Lernen gehindert!

Noten sind unsozial!

Die kurz skizzierte Art von Leistungs-"Beurteilung" ist letztlich nur dazu gut, Rangordnungen herzustellen – wie in der Gesellschaft, so in der Schule. Zur Note führt eine bestimmt Leistung – wobei es ganz gleich ist, wie die eigentlich zustande gekommen ist, ganz gleich auch, welcher Art die „Fehler" waren, die zu dieser Note geführt haben. Suggeriert wird, dass „Fleiß" und „Intelligenz" die Hauptrolle spielen. Konkrete Hilfen allerdings für das Beseitigen von Lerndefiziten werden SchülerInnen durch die Note nicht gegeben: „Abgehakt!"

© Verlag an der Ruhr, Postfach 102251, 45422 Mülheim an der Ruhr

Der Note fehlt das Element der Hilfe!

Das System der Ziffernzensuren passt exakt zum übergeordneten Auslesemechanismus des drei-/ viergliederigen Schulsystems ab der Sekundarstufe I. Durch Notengebung werden weiterführende Bildungswege festgelegt. Noch immer wird allzu oft mit dem Maßstab philologischer Lernziele und Lernqualifikationen gemessen. Unterricht muss dann – wegen der „Vergleichbarkeit" eine graue, schwer verdauliche, weil kaum begreifbare Theorie des Lebens vermitteln, denn die lässt sich am besten nachprüfen! Praktische, sinnliche Erfahrungen, die Einbeziehung der Erfahrungen und Bedürfnisse der SchülerInnen, können dem Lernen neuen Sinn geben: Nicht mehr „Wirklichkeit aus zweiter Hand", nicht mehr „Tauschwertcharakter des Lernens", sondern Lernen um der Sache willen!

Zensuren prägen Lern-Einstellungen

Der Schüler/die Schülerin lernt etwas (was auch immer) und erhält dafür eine Note. Wichtig sind die (gute) Note und die (Schleich-)Wege, sie zu bekommen – gleichgültig, worum es geht. Nach der Arbeit wird alles schnell wieder vergessen.

SchülerInnen lernen also nicht aus eigenem Antrieb heraus, nicht um einer Sache willen → entfremdetes Lernen.

Und die „schwachen" SchülerInnen? Der Sinn ihrer Lernanstrengungen wird fragwürdig angesichts immer wieder erlebter Erfolglosigkeit. Das führt sehr oft zur dauerhaften Entmutigung

und zu Störungen des Selbstwertgefühls. Die Resultate sind manifest: „Null Bock", Apathie, Schwänzen, Verweigerung, Aggression.

Fazit ...

„Die schulische Übung, SchülerInnen mit Hilfe der Zensuren in eine Rangfolge zu bringen, entspricht der Unterrichtspraxis, SchülerInnen mit unterschiedlichen Voraussetzungen das Gleiche anzubieten, was logischerweise wieder zu unterschiedlichen Ergebnissen führt. Und dabei dienen die Zensuren nicht nur der Auslese, sondern sie haben zugleich eine psychologische Funktion: Sie ermutigen die ‚Guten' und entmutigen die ‚Schlechten' und manifestieren so den beschriebenen Zustand, auch im Bewusstsein der SchülerInnen ...

Die Zensurenpraxis, die Unterschiede beschreibt, kann nicht losgelöst von einem Unterricht kritisiert werden, der Unterschiede aufrechterhält und verfestigt. Gegen die Auslesefunktion der Schule gibt es nur ein Kraut. Und dieses heißt: Alle SchülerInnen, besonders jene mit ungünstigen Voraussetzungen, so weit fördern, dass sie die gemeinsamen Lernziele erreichen." [1]

1) Speichert, Horst: Anleitung zum Widerspruch in Sachen Pädagogik, Frankfurt a. M. 1987, S. 87.

... und Konsequenz

Was „*innere Schulreform*" will, lässt sich mit dem Stichwort „*Pädagogik der Ermutigung*" treffend charakterisieren.

Die pädagogische Arbeit in allen Schulformen muss sich der Aufgabe stellen, in Schulleben und Unterrichtsalltag:

• dem Bedürfnis der SchülerInnen nach Anerkennung, Akzeptanz und Identität zu entsprechen und den SchülerInnen Verantwortung und Bewährungsmöglichkeiten zu geben,

• dem Unterricht und der Leistung einsehbaren Sinn zu geben.

„Leisten SchülerInnen denn nichts?" Doch, aber das System unserer Notengebung ist am – vom Lehrer/ von der Lehrerin definierten – „Können" orientiert.

> **Eine „Pädagogik der Ermutigung"** würde sich am Nicht-Können orientieren.
> Denn: Können wird erst dann wirklich wahrscheinlich, wenn Nicht-Können „erlaubt" und nicht mehr diskriminiert wird.

Walter Bärsch forderte gar eine „*Didaktik von der falschen Antwort her*".

3.2. Ein pädagogischer Leistungsbegriff!

Um gegen die „Not mit den Noten" anzugehen, ist die Durchsetzung eines pädagogischen Leistungsbegriffs notwendig, dessen Merkmale Horst Bartnitzky wie folgt gekennzeichnet hat:

• Orientierung am individuellen Lern- und Entwicklungsprozess,

• Orientierung auch an der sozialen Dimension des Lernens und Leistens,

• Orientierung am Grundsatz der Ermutigung. [1]

Perspektive: Unterricht handlungsorientiert auswerten

Im Unterschied zur herkömmlichen Leistungsbeurteilung geht es einer „handlungsorientierten Unterrichtsauswertung" um zwei Aspekte:

• Auswertung des Unterrichts, gemeinsam mit den SchülerInnen;

• Feststellung des Lernzuwachses bei den einzelnen SchülerInnen.

---

1) Vgl. die beiden auch für die Sekundarstufe aktuellen und brauchbaren Bände:
• Böttcher, Wolfgang u.a. (Hg.): Leistungsbewertung in der Grundschule. Beltz Verlag, Weinheim und Basel 1999;
• Jürgens, Eiko: Zeugnisse ohne Noten. Westermann Verlag, Braunschweig 1999.

© Verlag an der Ruhr, Postfach 10225I, 45422 Mülheim an der Ruhr

Die Selbstkontrolle im Lernprozess wird unerlässlicher Bestandteil des Unterrichts. Und:

„Nicht die Fähigkeit, auf Lernziele hin operationalisiertes Wissen in einer genau definierten Zeit (40-Minuten-Klausur) ritualisiert reproduzieren zu können, steht im Mittelpunkt eines handlungsorientierten Leistungsbegriffes, sondern ‚kooperative Produktivität in einem Betätigungsgebiet'. Damit wird der Leistungsbegriff nicht gerade einfacher, Leistung erst recht nicht besser messbar, aber es treten Konkurrenz, Herstellen von Unterschieden zwischen Individuen, Einzelprüfung und Tauschwertcharakter von Zensuren in den Hintergrund. Zur Auswertung des Unterrichts: In gewisser Weise sagt ein erstelltes Produkt oder ein gelöstes Problem ‚selbstredend' etwas über den Unterrichtserfolg und sind auch schon Leistungsnachweis genug." [1]

Beispiele aus dem Schulalltag

- Ich beziehe SchülerInnen schon in die *Planung des Unterrichts* ein. Dazu gehört, dass ich klar sage, was die (Mindest-)Anforderungen sind und wie die *Kriterien der* anschließenden *Bewertung*.

- *Arbeitsergebnisse* der SchülerInnen werden gemeinsam besprochen und beurteilt – in unserer Klassenversammlung, jeden Montag in der 6. Stunde.

1) Vgl. dazu das Kapitel „Unterricht handlungsorientiert auswerten", in: Gudjons, Herbert: Handlungsorientiert Lehren und Lernen, Bad Heilbrunn 1986, S. 95 f.

Beispiele für Arbeitsergebnisse sind:

- Martin hat die „Geschichte der USA" in Form eines „Themenheftes" zusammengefasst, mit eigenen Texten, Illustrationen und Bildern.
- Michaela, Mürvet, Susanne und Ramona haben eine Wandzeitung gemacht: „Alkoholwerbung – was sie verspricht und wie die Wirklichkeit aussieht". Die Mädchen erklären ihr Produkt vor der Klasse, diskutieren mit den anderen darüber und hängen die Wandzeitung in der Klasse aus.
- Uli, Zoran, Peter und Oliver spielen eine kleine Szene vor, die sie erarbeitet haben: Handwerker und Arbeiter unterhalten sich in einer Kneipe kurz vor dem Ausbruch der Revolution von 1848.
- Alle SchülerInnen gestalten eigene „Arbeitsblätter" zu den Themen des Unterrichts, die sie in einem Ordner sammeln. Am Schluss eines thematischen oder zeitlichen Abschnitts werden diese Einzelblätter zu einem kleinen Buch zusammengefasst.
- Oliver organisiert gerade die Klassenzeitung über unsere Klassenfahrt: Artikel müssen geschrieben, lustige Schlagzeilen gefunden, illustriert und getippt werden.
- Mürvet und Mustafa tippen fehlerfrei die Beiträge ab, Thorsten und Uli setzen mit der Druckerei die Überschriften dazu.

Viele ganz unterschiedliche und ganz persönliche Leistungen; viel Mühe und Anstrengung. Wo werden solche Leistungen in der gängigen Leistungsbeurteilung erfasst? Und doch: Genau auf diese Leistungen kommt es an!

© Verlag an der Ruhr, Postfach 102251, 45442 Mülheim an der Ruhr

- Wichtig ist: Die *Pflicht- und Wahlaufgaben* zu jedem Unterrichtsthema werden gemeinsam besprochen. So bekommen SchülerInnen eine genaue Übersicht und die *Möglichkeit zur Selbstkontrolle.* In meiner Klasse erhält jeder Schüler/jede Schülerin zu Beginn einer thematischen Einheit einen Arbeitsplan, mit dem er/sie selbst seinen/ihren Arbeitsprozess kontrollieren kann.

- Alle Mitglieder einer Gruppe bekommen für ihr gemeinsames *Gruppen-Produkt* dieselbe Note: Das aktiviert die einzelnen SchülerInnen, erfordert Planung und Arbeitsorganisation und erbringt ein produktives (und keineswegs konfliktfreies) Gruppenverhalten. Wenn es nämlich so ist, dass jeder und jede auf seine/ihre Weise zum Gelingen der Gruppenarbeit beigetragen hat, dann hat er/sie erfolgreich gearbeitet und den Anforderungen entsprochen.

- Gemeinsam haben wir ein monatliches *Arbeitsprogramm* festgelegt: Jeden Monat schreiben die SchülerInnen einen „freien Text" (nach eigener Wahl und eigenem Interesse), zwei Übungsdiktate (z.B. in Partnerarbeit) und bearbeiten vier Karteikarten aus unseren Lernkarteien (Ausdruck, Rechtschreibung). Ich führe Buch über die erbrachten Leistungen. Die SchülerInnen kontrollieren selbst ihre Ergebnisse.

- *„Tests"* (z.B. in Geschichte oder Wirtschaftslehre) lasse ich nicht mehr schreiben. Ich habe bessere Möglichkeiten, die Leistungen meiner SchülerInnen einzuschätzen. Wer aber auf Tests nicht verzichten möchte: Auch ein Test kann gemeinsam entwickelt werden: SchülerInnen sammeln Fragen und Antworten auf Karteikarten (ein „Lernquiz", das auch später noch einen Sinn hat, während ausgefüllte Testblätter zu nichts mehr gut sind, als für den Papierkorb). Für den endgültigen Test dann wählt der Lehrer/ die Lehrerin einige Fragen aus.

- Schriftliche *Klassenarbeiten* erwachsen organisch aus dem Unterricht. Ein Beispiel: Wir haben in der Klasse ein Jugendbuch gelesen. Alle SchülerInnen haben dazu eine Inhaltsangabe geschrieben. Einige wurden vorgelesen. Eine davon haben wir ausgewählt. Sie wurde unser Diktat. Auch den ganz schwachen „Rechtschreibern" ist so auf ganz natürlichem Wege das Wortmaterial aus der gemeinsamen Lektüre vertraut, die Sprache des Diktats ist die ihre. Resultat: Auch Diktat-„Fünfen" sind eine seltene Ausnahme. Und auch schon resignierte SchülerInnen schöpfen wieder Hoffnung. Beim Klassenaufsatz verfahre ich genauso: Im Laufe der Arbeit entstehen viele Texte. Im Gespräch mit den SchülerInnen werden die „gelungensten" Arbeiten ausgewählt und dann in die Klassenarbeitsmappe eingetragen. Denn hier liegt doch ein erfolgreiches Arbeitsergebnis vor! Nur: Die Leistung entstand ganz „natürlich" im Unterrichtsprozess, nicht künstlich mit künstlichen Anforderungen zu willkürlichem Zeitpunkt.

- Die Arbeitsergebnisse der SchülerInnen schaue ich mir jede Woche an, sodass ich einen laufenden Überblick über die konkreten Lernfortschritte und -probleme habe.

© Verlag an der Ruhr, Postfach 102251, 45422 Mülheim an der Ruhr

Fördern statt Auslesen!
Ein Forderungskatalog

Auch bei der Notengebung
– denn noch gibt es ja Ziffernzensuren, und noch erteilen wir
Noten – sollten wir es als
pädagogische Herausforderung
begreifen, das Prinzip
„Fördern statt Auslesen"
zu verwirklichen:

• Zeigen wir dem Schüler/der
  Schülerin auf, wie er/sie voran-
  gekommen ist – ohne ihn/sie
  an den anderen zu messen.

• Ermöglichen wir SchülerInnen
  Leistungen, die sie bewältigen
  können und Arbeitsergebnisse,
  auf die sie stolz sein können.

• Antworten wir auf Leistungen
  eben nicht einfach mit einer Ziffer.
  Antworten wir mit Worten –
  geschrieben oder gesprochen.

• Legen wir schwächere SchülerInnen
  nicht auf ihr „Schlecht-Sein" fest.
  Lassen wir sie Erfolge erleben und
  Ermutigung erfahren. Lassen wir
  nicht locker: Organisieren wir gerade
  den „Schlechten" Erfolgserlebnisse!

Machen wir Schülerinnen und
Schülern also wieder Hoffnung
und Lern-Lust.

Solange es das Ziffern-Notensystem
gibt, spricht nichts dagegen,
sondern alles dafür, Erfolgserlebnisse
auch in Notenform auszudrücken.
Ein schönes Vorhaben:
Unterricht so zu organisieren,
dass keiner durch das „Sieb" fällt!
Nicht Gaußsche Normalverteilung
als „ungeschriebenes" Bewertungs-
gesetz, sondern das Prinzip:

„Jede/r erreicht *mindestens*
ein *„ausreichend!"* Oder –
pädagogischer ausgedrückt:
Alle SchülerInnen erreichen
die gemeinsamen Lern-
und Arbeitsziele!

Denken wir daran, wofür
wir noch alle angetreten sind:
*„Wir wollen keine Menschen heran-
ziehen, die passiv einen Inhalt – sei er
nun richtig oder nicht – akzeptieren,
sondern Bürger, die später erfolgreich und mutig ihr Leben in
die Hand nehmen."*
(Célestin Freinet)

© Verlag an der Ruhr, Postfach 102251, 45422 Mülheim an der Ruhr

MitSprache

1. Klassen-Zeitungen

Zum handlungsorientierten, produktiven Unterricht gehört die Veröffentlichung von Schülertexten und die Dokumentation von Unterrichtsergebnissen.
Die Klassenzeitung ist dazu ein ideales Medium: Schreiben und Textproduktion haben echte Funktionen und werden nicht nur geübt.
Die SchülerInnen haben einen Grund zu schreiben und es gibt LeserInnen, an die sich ihre Texte richten.
Die Klassenzeitung ist ein „Werkzeug des freien Ausdrucks,
* auf Grund ihres Inhaltes:
freie Texte, freie Bilder, Wiedergabe von Arbeits- und Untersuchungsergebnissen, Gruppentexte über das Leben in der Klasse, Spiele ...
* durch die im eigenen Probieren entwickelte Verwendung des Druck- und Vervielfältigungsmaterials.
* durch das Ausprobieren der Darstellung, der Seitengestaltung, der Illustrationstechniken." [1]

---

1) Baillet, Dietlinde: Freinet – praktisch. Beltz Verlag, Weinheim und Basel 1983, S. 18 (Neuauflage 1999).

1.1. Die Zeitung als Medium in Klasse und Schule

Im Sinne der pädagogischen Prinzipien Célestin Freinets, wie z.B. Selbstbestimmung, Eigentätigkeit, Steigerung des ästhetischen Ausdrucksvermögens – sei es in Text oder Bild – ist die Mobilisierung des Austausches und der Kommunikation zwischen den Lernenden nahezu ein optimales Instrument. Sogar aus der Sicht technokratischer Lernzielorientierung ließe sich ein ganzes Bündel von Grob- und Feinzielen durch Zeitungmachen einlösen: Verbesserung der Rechtschreibfähigkeit, Steigerung des stilistischen Repertoires, Erweiterung des Wortschatzes und Erweiterung handwerklicher Kompetenzen im Umgang mit Basismedien.

Der Anfang: Wir über uns!

Wenn es im (Deutsch-)Unterricht gelingt, SchülerInnen zur Produktion eigener Texte anzuregen, dann entstehen viele Texte, bei denen es bald nicht

© Verlag an der Ruhr, Postfach 102251, 45422 Mülheim an der Ruhr

mehr ausreicht, sie in der Klasse vorzulesen oder nur vom Lehrer/der Lehrerin lesen zu lassen. Nichts liegt also näher, als eine Zeitung mit diesen Texten zu produzieren. Gleiches gilt übrigens auch für die bereits ansatzweise entwickelte Fähigkeit der Klasse, Unterrichtsinhalte eigenständig zusammenzufassen und darzustellen. Unsere erste Klassenzeitung „Erste Sahne" hieß „Wir über uns".

Jede Schülerin und jeder Schüler hatte einen Text über sich geschrieben, diesen Text mit Illustrationen oder Bildern versehen, Überschrift war der Name des Schülers/der Schülerin – mit schwarzem Filzstift grafisch gestaltet. Die natürliche Öffentlichkeit dieser Zeitung waren die Klasse selbst und die Eltern. Mittlerweile stellen wir höhere Auflagen her: für interessierte LehrerInnen, für Nachbarn, Freunde und Verwandte.

Ein wohl klassischer Einstieg in die Arbeit mit einer Klassenzeitung ist die Klassenfahrt. Gemeinsame Erlebnisse und Erfahrungen über mehrere Tage, Aussprüche und Zitate, Denkwürdiges lassen sich zur Freude für alle in einer Zeitung „konservieren".

Die Stolpersteine

Bei der Herstellung einer Klassenzeitung - bei uns entstehen die Ausgaben parallel zur Arbeit an einem Unterrichtsthema in „Freier Arbeit" – sollte sich der Lehrer/die Lehrerin auf eine Rolle als BeraterIn und KoordinatorIn beschränken. Wichtig ist es, folgende drei Punkte unbedingt zu beachten:

• Jede Schülerin/jeder Schüler sollte sich mit mindestens einem Text oder einem kleinen Beitrag im Gemeinschaftsprodukt Klassenzeitung wiederfinden. Die Artikel, aber auch Zeichnungen sollten mit dem Namen des Verfassers/der Verfasserin versehen sein. Die MitarbeiterInnen an der Redaktion, am Tippen und Gestalten sollten im Impressum aufgeführt werden. Jeder Einzelne sollte sehen und zeigen können: Das ist auch *mein* Produkt!

© Verlag an der Ruhr, Postfach 102251, 45422 Mülheim an der Ruhr

- Alle Texte müssen in richtiger Rechtschreibung geschrieben bzw. getippt sein. Am Anfang kontrolliert das am besten der Lehrer/die Lehrerin, nachher können diese Aufgabe auch SchülerInnen übernehmen. Dass veröffentlichte Texte richtig geschrieben sein müssen, leuchtet den SchülerInnen sofort ein!

- Die Zeitung muss handwerklich in Ordnung sein: Ein sorgfältiges Layout, ein sauberes Schriftbild, gut gestaltete Überschriften sind wichtig. Es ist nämlich verständlich, dass eine handwerklich schlecht oder nachlässig gemachte Zeitung die Motivation für die weitere Arbeit an und mit diesem Medium sofort erlahmen lässt. Andererseits lassen gut gemachte Produkte den Stolz der Hersteller in die Motivation zur Weiterarbeit übergehen.

In meiner Klasse werden alle anfallenden Arbeiten von wechselnden Gruppen durchgeführt. Mittlerweile, nachdem wir bereits eine Reihe von Zeitungen hergestellt haben, kennen eigentlich alle SchülerInnen die wesentlichen Arbeitsschritte: Planen, Texte Schreiben, Kürzen und Korrigieren, mit der Schreibmaschine Schreiben, das Layout Zusammenkleben, die Seiten Zusammenlegen, Verteilen oder Verkaufen. Beim Zeitungsmachen in der Schulklasse darf es nicht darum gehen, dass Spezialisten nach Perfektion streben, die Zeitung soll ein Ausdrucksmittel und eine Herausforderung für alle SchülerInnen bleiben. (Dass im Laufe der Zeit allerdings eine Reihe von SchülerInnen sich besonders intensiv mit dem Herstellen der Zeitung befasst, ist nur natürlich.)

Themen- und Projekthefte

In meiner Klasse ist die Klassenzeitung ständige Aufgabe im Unterricht. Unsere Geschichtszeitung *„Neues von Gestern"* fasst Ergebnisse des Geschichtsunterrichts zusammen, hier sagen SchülerInnen aber auch ihre Meinung zu geschichtlichen Ergebnissen oder schreiben Geschichten zu historischen Situationen. In der 5. Klasse, in der ich Geschichte unterrichtete, entstand im Projekt „Steinzeit" eine *„Stein-Zeit-ung"* mit Texten der SchülerInnen. Hier wurden die Texte von mir zu Hause getippt, die SchülerInnen zeichneten, suchten Bilder aus, schrieben mit der Hand die Überschriften, klebten das Layout zusammen. Die inhaltliche und technische Beherrschung des Mediums Klassenzeitung ist ein Prozess: Der Lehrer/ die Lehrerin organisiert dabei die Eroberung des Mediums „Klassenzeitung" als eigenes Ausdrucksmittel der Klasse. Zeitungen lassen sich eigentlich in jedem Fach herstellen. Auch in Englisch oder in Mathematik (z.B. Rätsel oder Knobelaufgaben für die Klassenzeitung). Oder aber: Alle Fächer können zu einer Zeitung in der Schulklasse Beiträge liefern.

1.2.
Der Produktions-
prozess

Im Folgenden einige praktische, wenn
auch notwendigerweise unvollständige
Tipps zur Herstellung einer Zeitung:

Vervielfältigen

Der bequemste Druck von Klassenzeitungen erfolgt mit Hilfe des Kopierers.
Die Ergebnisse sind meist gut bis sehr
gut. Das Kopierverfahren öffnet vielfältige, wenn auch nur schwarzweiße,
Gestaltungsmöglichkeiten. Fotos sollte
man möglichst nicht verwenden,
das Ergebnis ist gerade für die
ProduzentInnen meist enttäuschend.
Immer wieder berichten mir KollegInnen
von Schwierigkeiten, ihre Zeitungen
auf dem schuleigenen Kopierer herstellen zu können. Wir verkleinern unser
Layout auf DIN A5 und kopieren dann.
Das spart Kosten. Manchmal kann
die Zeitung auch gegen Spenden
abgegeben werden oder sie wird
über die Klassenkasse bezahlt.
Auch hier wird man erfinderisch
sein müssen. Und doch sollte eigentlich
jeder Schulleiter/jede Schulleiterin stolz
sein, wenn an seiner/ihrer Schule
solche Produkte entstehen!

Format

Zwei Formate bieten sich an:
DIN A4 und DIN A5. In jedem Fall
sollte auf DIN A4 geschrieben und
gezeichnet werden, auch das Layout sollte auf DIN-A4-Blätter geklebt werden.
Wer sich dann beim Endprodukt für
DIN A5 entscheidet (wie wir, um
Papier und Kopierkosten zu sparen),
der sollte die A4-Seiten auf A5
verkleinern.

Zeitungen im DIN-A4-Format werden
gebunden, indem man die Blätter locht,
heftet oder den Rücken leimt.
Beim DIN-A5-Format kann man die
fertigen Blätter zusammenlegen und
nur falten. Für die Heftung gibt es
Hefter mit besonders langem Arm.

Reinschrift

Man kann alle Texte mit der Hand
schreiben lassen. Notwendig dafür ist
eine saubere Handschrift. Geschrieben
wird mit dünnen, schwarzen Filzstiften.
Besser ist es allerdings, die Beiträge
zu tippen. Wenn noch keine Schreibmaschine in der Klasse steht, hilft eben
der Lehrer/eine Mutter/die Schulsekretärin
– je nach Möglichkeit. Viele SchülerInnen
haben einen PC zu Hause und sind
gern bereit, zu Hause zu tippen.
Am besten aber ist, dass sich viele
SchülerInnen in der Klasse im Erstellen
von Texten (ihren eigenen!) üben
können. Manche Seiten unserer
Zeitungen stellen übrigens „Computer-
freaks" zu Hause oder in der Wahl-
pflicht-AG her. Und in immer mehr
Klassenräumen befindet sich ja auch
ein zumindest schreibfähiger PC.

Zeichnungen

Es lohnt sich, über die Jahre
eine Sammlung von schwarz-weißen
Zeichnungen anzulegen: Beim Durch-
blättern von Zeitungen, Zeitschriften,
Illustrierten kann man auf geeignetes
Bildmaterial achten und die Bilder
dann ausschneiden oder kopieren.
An der Sammlung von Strichzeich-
nungen für die klasseneigene „Grafik-
kiste" können natürlich auch die
SchülerInnen beteiligt werden.
Übrigens kann man auch Überschriften,
einzelne Wörter aus Überschriften und
grafische Gestaltungselemente sammeln.
Je mehr, desto kreativer wird die
Gestaltung.

© Verlag an der Ruhr, Postfach 102251, 45422 Mülheim an der Ruhr

Montage

Der Kopierer bietet die Möglichkeit, das Layout im Wortsinn vorher „auszulegen": Die Textspalten, Bilder und Überschriften können auf der Seite so lange hin- und hergeschoben werden, bis man die beste Lösung schließlich festkleben kann. Zum Kleben sollte ein Montagekleber verwendet werden; der ist zwar teuer, die Einzelteile können aber zu Korrekturzwecken wieder abgezogen werden, ohne dass sie zerreißen.

Vertrieb

Die ersten LeserInnen sind natürlich die ProduzentInnen selbst. Den eigenen Namen unter dem eigenen Text veröffentlicht zu sehen, das stärkt - zu Recht - das Selbstbewusstsein. Leicht aber finden sich viele andere LeserInnen: die Eltern, Freunde, die anderen LehrerInnen. Klassenzeitungen können übrigens leicht auch gegen eine kleine Spende für die Klassenkasse im Bekanntenkreis oder bei Schulfesten „verkauft" werden. Voraussetzung für den Erfolg auch außerhalb der Klasse ist allerdings eine ansprechende Aufmachung und ein gutes Druck- bzw. Kopierergebnis, also eine Zeitung, auf die ihre Macher stolz sein können.

2. Klassen-Bücher

Wie die Herstellung von Klassenzeitungen in Eigenregie, bietet auch das Schreiben von Klassenbüchern den SchülerInnen eine Gelegenheit, selbstorganisiert und damit selbstverantwortlich zu lernen. Dabei erfahren sie den Aufsatz nicht als bloße Pflichtübung, sondern als Mittel des persönlichen Ausdrucks.

Was **Gerhard Sennlaub** mit Blick auf die Grundschule formuliert, gilt ebenso für die Sekundarstufe: *„Bücher, die wir mit Kindern machen, sind – versteht sich! – sprachliche Objekte. Sie heben die künstliche Trennung des Sprachunterrichts in die Bereiche Lesen, Schreiben, Aufsatz, Rechtschreiben auf und verbinden sie zu einer kommunikativen Einheit. Sie verlangen Selbsttätigkeit und Arbeit in einem sinnvollen Zusammenhang statt nach einem zerfächerten Plan. Darum sind sie glaubwürdig und attraktiv für Kinder. Sie (und nicht die Lehrerin!) verlangen sorgfältiges Arbeiten, Sauberkeit, Gewissenhaftigkeit, Durchhaltevermögen. Und sie sind ästhetische Objekte, schulen Formempfinden und Geschmack."* [1]

---

1) Sennlaub, Gerhard;
im Nachwort von:
Es steht sogar im Lehrplan,
Kindertexte, kopiert und geheftet
– Motivation für einen
anderen Aufsatzunterricht,
Heinsberg 1986, S. 200.

2.1.
Bücher
statt Hefte

Schulhefte sind Wegwerfartikel. Sie haben für SchülerInnen eigentlich nur den „Sinn", dem Lehrer/der Lehrerin den „Gefallen" zu tun, und sie voll zu schreiben. In Erdkunde oder Geschichte z.b. gibt es oft Schnellhefter mit losen, schnell auch fliegenden Blättern, die nach kurzer Zeit schon wie „Kraut und Rüben" aussehen. Dabei wissen wir doch, dass es durchaus Sinn macht, Unterrichtsthemen aufzuzeichnen, zu dokumentieren, aufzubewahren. Wie also dem „Chaos" entgegenwirken?

Meine SchülerInnen haben eigene Aktenordner im Klassenraum stehen, in denen die fertigen Arbeiten gesammelt und geordnet werden.

Schon das Sammeln und Ordnen der Blätter, die im Laufe der Zeit entstehen, wird mit der Zielsetzung betrieben, aus diesen (mehr oder weniger) vielen Blättern am Ende des Schuljahres, des Halbjahres, oder auch schon eines Themas, ein „Buch" zu machen.

Aus festem Papier oder Pappe wird ein Einband gefertigt, das Ganze wird geheftet oder am Rücken zusammengeklebt und beschriftet: „Mein Geschichtsbuch" oder „Thema: Wasser", Name und Klasse. Zum Schluss verstärkt und verziert noch ein breites Klebeband den Buchrücken.

So erhält Schreiben im Unterricht (das im Übrigen vor allem das Formulieren eigener Texte sein sollte!) neuen Sinn, indem auf ein Produkt, ein fertiges Ganzes hin gearbeitet wird. Mit Feuereifer gingen die SchülerInnen an die Arbeit, ihre gesammelten Blätter zu Büchern „umzufunktionieren".

© Verlag an der Ruhr, Postfach 102251, 45422 Mülheim an der Ruhr

Mit Stolz zeigten sie die Ergebnisse ihren Freunden, Bekannten, Eltern. Klar, dass auch für die nächsten „Bücher" „schön" gearbeitet werden musste. Die Idee kann übrigens leicht fortgeführt werden: Wenn SchülerInnen an eigenen Vorhaben oder „Forschungsaufträgen" oder Referaten arbeiten, können jeweils aus den Ergebnissen kleine Bücher entstehen, denen man dann ihren Platz in der Klassenbücherei einräumt.

Texte sammeln

Ohne viel Aufwand lässt sich die folgende Idee im Unterricht verwirklichen: In einem oder mehreren Ordnern, die im Klassenraum stehen, werden Texte von SchülerInnen gesammelt. Da solche „Bücher" sehr gerne immer wieder gelesen werden, sollten die Blätter in Klarsichthüllen aufbewahrt werden.

Gesammelt werden kann eigentlich alles: kleine Forschungsberichte, freie Texte, Berichte aus dem Klassenleben, Geschichten, Aufsätze. Später kann man dann auch noch überlegen, ob aus diesen gesammelten Texten ein „richtiges" Buch gemacht werden soll oder kann.

Auf diesem Prinzip beruht das „Klassentagebuch" meiner Klasse. Jeden Tag schreibt ein anderer Schüler/eine andere Schülerin einen Text, der in der Klasse vorgelesen und dann in den Ordner geheftet wird. So entsteht im Laufe der Zeit, ergänzt durch Fotos, Bilder usw. eine Chronik des Klassenlebens. Die Klasse schreibt ihre Geschichte, aus dem höchst subjektiven Blickwinkel der SchülerInnen.

Schüler-Bücher

Das Plädoyer für selbstgemachte Bücher setzt bei einem Grundproblem der Schulwirklichkeit an, dass nämlich SchülerInnen oft keinen inneren Bezug zu ihrer schulischen Arbeit bekommen, weil ihnen nicht einsichtig ist, wofür sie etwas lernen oder „sauber" anfertigen sollen. Zu oft wird nur für den Papierkorb gearbeitet. Das Büchermachen gibt die Chance, etwas über den Augenblick hinaus zu schaffen. Und das natürlich nicht nur im Deutschunterricht. Jedes Fach bietet genügend Gelegenheiten, gelungene und wichtige Arbeiten von SchülerInnen unter einem bestimmten Thema zu einem Buch zusammenzufassen. So kann sogar eine eigene „Fachbibliothek" entstehen.

Aus dem oben genannten Text-Sammelordner könnten am Ende des Schuljahres eine Anzahl von Arbeiten ausgewählt und zu einem „Jahrbuch" oder „Almanach" der Klasse verarbeitet werden.

Aus einer Vielzahl von Texten, die in einem Projekt *Schreibwerkstatt* im Deutschunterricht der beiden 9. Klassen entstanden sind, machen wir zur Zeit das Buch „Liebes Leben!", es enthält „Gedanken, Geschichten und Gedichte" zu vielen der Themen, die Jugendliche bewegen.

... und die Themen?

An Themen für selbst gemachte Bücher besteht wirklich kein Mangel. Schon aus dem ganz „normalen" Unterricht können eine Menge Texte hervorgehen, die sich in Buchform bringen lassen.

© Verlag an der Ruhr, Postfach 10251, 45422 Mülheim an der Ruhr

In vielen Fällen ergibt sich die Themenfindung fast von selbst. Für ein Geschichtenbuch z.b. können eigentlich alle Texte von SchülerInnen Verwendung finden, die im Unterricht und darüber hinaus (Freizeit, Klassenfahrt, Aufsatzwettbewerb usw.) entstanden sind.

Grundsätzlich sollte für alle Bücher, die im Unterricht entstehen, gelten:

• Jede Schülerin/jeder Schüler sollte sich mindestens einmal im Buch wiederfinden und namentlich genannt werden.

• Das Buch sollte ein gemeinsames Vorhaben von SchülerInnen und LehrerInnen sein, wobei das Büchermachen nach und nach ganz in die Hände der Klasse übergehen sollte.

• Wie Druckfehler im „richtigen" Buch stören, stören Rechtschreibfehler im Klassenbuch. Auch für das fehlerfreie Schreiben sollen die SchülerInnen von Anfang an mit in die Verantwortung genommen werden. Irgendwann ist unser Buch fertig. Alle Kinder finden sich in ihm wieder, jeder hatte eine Aufgabe: Textschrift, Gestaltung der Überschriften, Illustrationen, schließlich der eigene Name.

Dreißig Buchideen

Hartmut Kulick nennt in seinem sehr ideenreichen und praktischen Buch „Copyright by Klasse ..." „dreißig von unendlich vielen Buchideen", die ich hier zur Anregung zitieren möchte:

Jetzt gehe ich zur Schule; Das erste Schuljahr; Jahrbuch der Klasse; Erinnerungen an unsere Grundschulzeit; Montagsgeschichten; Der Ort, in dem ich lebe; Wir forschen; Meine größte Entdeckung; Jahreszeitenbuch; Ein Brief auf seinem Weg; Wir kaufen auf dem Wochenmarkt ein; Blumenlexikon; Kochbuch; Zahnarztgeschichten; Feuerwehrbuch; Liederbuch; Phantasiegeschichten; Abenteuerbuch; Geschichten eines Hexenmeisters und seines Zauberlehrlings; Eulenspiegelgeschichten; Traumgeschichten; ABC-Buch; Reimereien; Buchstaben-Bilder (in Anlehnung an konkrete Poesie); Unser Poesiealbum; Unser Theaterstück; Buch über einen Autor; Protokoll-Buch (z.B. zu einer Klassenfahrt, einem Fest); Unsere schönsten Verse und Geschichten; Diese Geschichte ist noch nicht zu Ende (Fortsetzungen finden); Heimat Türkei.

Kulick, Hartmut (Hg.): Copyright by Klasse ... . Heinsberg 1986, S. 27.

© Verlag an der Ruhr, Postfach 102251, 45422 Mülheim an der Ruhr

2.2.
Technik
und Finanzen

Büchermachen kann zu einer
ständigen Einrichtung im Klassen-
und Schulleben werden.
Doch wird man oft auch erfinderisch
sein müssen, um den Schuletat
nicht über Gebuhr zu belasten.

• Druckereien spenden gern
  bunte Papiere und Karton, auch
  in Buchbindereien kann man Papier-
  reste erhalten, die sonst vernichtet
  werden.

• Eltern können um Mitarbeit
  gebeten werden, auch um Mithilfe
  bei der Herstellung und beim
  (vielleicht geplanten) Verkauf
  der Bücher.

• Bei der *Finanzierung* hilft der
  Förderverein der Schule sicher gern,
  vielleicht kann man auch Sponsoren
  gewinnen: die Sparkasse, eine
  örtliche Buchhandlung o.Ä.
  Warum nicht mal anklopfen?

• Aus dem Verkauf der Bücher
  schließlich könnte ein kleines
  Finanzpolster entstehen,
  mit dessen Hilfe die Finanzierung
  des nächsten Buchprojektes gesichert
  werden kann.

• Die Buchgestaltung wird im
  Laufe der Arbeit immer wichtiger
  werden. SchülerInnen können selbst
  Bilder zu ihren Texten zeichnen
  oder aber geeignete Illustrationen
  aus Layout-Büchern oder
  Clip-Art-Sammlungen
  auswählen.

• Es geht auch preiswerter.
  Tageszeitungen und Zeitschriften
  bieten grafische Elemente in Hülle
  und Fülle. Auch der Anzeigenteil ist
  eine Fundgrube für Grafikelemente,
  Figuren, Rahmen und Schriften.
  Die Sammlung solcher Gestaltungselemente („Schnippelstunde")
  kann man auch in den Unterricht
  (z.B. in die Freie Arbeit) integrieren.
  So entsteht eine klasseneigene
  Grafikkiste, die ständig ergänzt
  werden kann.

• Der Umbruch oder das Layout,
  also die endgültige Gestaltung
  der zu vervielfältigenden Seiten,
  sollte mit einer Gruppe von
  SchülerInnen geschehen.
  Das Aufkleben (z.T. mit Hilfe des
  Zeichenbretts) habe ich zu Anfang
  selbst gemacht. Diese Technik
  können aber auch SchülerInnen
  nach und nach selbst erlernen.
  Das ist auch Sinn der Sache:
  Das Büchermachen immer mehr
  ganz in die Hand der Klasse
  zu legen.

• Die Vervielfältigung ist manchmal ein Problem, da natürlich der
  schuleigene Kopierer doch erheblich
  in Anspruch genommen werden
  könnte (obwohl die Kopien hier
  sicher besonders sinnvoll sind!).
  Häufig hilft die Druckerei der
  Gemeinde, manchmal auch die
  Hausdruckerei einer Sparkasse
  oder eines größeren Betriebes.
  Es besteht oft durchaus die
  Bereitschaft, Schulen zu
  unterstützen.

© Verlag an der Ruhr, Postfach 102251, 45422 Mülheim an der Ruhr

3.
Frei-Schreiben statt Vor-Schreiben

„Schon wieder schreiben!?"
Wer kennt sie nicht, diese Klage?
Und wer musste nicht schon einmal
gegen die Stimmung argumentieren,
die dieser Klageruf ausdrückt?
Dabei könnte es doch sein, dass
die Schreibunlust vieler SchülerInnen
so unberechtigt gar nicht ist:
In so mancher Deutschstunde tobt
nun wirklich nicht gerade das Leben!

Da wird eine Wegbeschreibung schriftlich geübt, wie man sie im wirklichen Leben kaum einmal von sich geben wird. Da sollen Personen, Tiere, Sachen beschrieben werden, ohne jeden Bezug zu tatsächlichen Notwendigkeiten. Die „Erörterung" der Frage, ob es z.B. in der Schule erlaubt sein sollte zu rauchen, ist für die meisten SchülerInnen sowieso schon ausdiskutiert. Über die Vor- und Nachteile von Fahrrad und Mofa wird vielleicht mal mit Freunden oder Eltern heiß gestritten, aber wer wird darüber wirklich einmal etwas schreiben müssen?

Da entstehen im Schuljahr vier Aufsätze als Klassenarbeiten, und das 6 Jahre lang. Bei einer Klasse von 25 SchülerInnen ergibt das 600 Texte! Wer liest die außer dem Lehrer/der Lehrerin? Welchen Zweck erfüllen sie?

Den Deutschunterricht scheint auch heute noch zumeist die abstrakte Auseinandersetzung mit Themen und Texten zu beherrschen.

© Verlag an der Ruhr, Postfach 102251, 45422 Mülheim an der Ruhr

Schule beschränkt sich weithin auf die Gesetze des „Regelhaften", der „Messbarkeit" und „Vergleichbarkeit" von Leistungen. Poetische Texte werden oft nur analysiert, was auch in unwirtschaftlichen Klassenräumen und auch in 6. Stunden noch zu gehen scheint. Aber sie werden nicht mit Leben versehen, gestaltet, erfühlt. Dazu fehlen meist Zeit, Stimmung, Muße. Texte, die geschrieben werden (müssen), werden auf Grund verordneter Normen und Kriterien geschrieben, nicht auf Grund irgendwelcher Bedürfnisse oder sachlicher Erfordernisse.

Und doch verfügt der Deutschunterricht über zahlreiche Möglichkeiten „praktischen Lernens".[1]

Beispiele:
- Nachrichten, Kommentare und Meinungen, Berichte und Geschichten schreiben,
- Lieder oder Gedichte erfinden,
- über sich selbst oder MitschülerInnen schreiben,
- Zeitungen und Zeitschriften machen,
- ein Klassentagebuch gestalten,
- Protokolle schreiben,
- mit einer anderen Klasse korrespondieren,
- Einladungen, Briefe, Programme schreiben und gestalten,
- ein Buch schreiben, zusammenstellen, gestalten, selbst binden.

3.1.
Angst vor dem Schreiben?

Schreiben ruft bei vielen SchülerInnen Abneigung, Ablehnung, manchmal gar Angst hervor. Hans Magnus Enzensberger charakterisierte Schreiben dann auch als *„eine äußerst stark formalisierte Technik, die schon rein physiologisch eine eigentümlich starre Körperhaltung"* erfordert. Hinzu komme, dass Schreiben eine „außerordentlich tabubesetzte" Technik ist: *„Orthographische Fehler, die für die Kommunikation völlig belanglos sind, werden mit der gesellschaftlichen Deklassierung des Schreibers geahndet; den Regeln, die für diese Technik gelten, wird eine normative Kraft zugeschrieben, für die es keine rationale Begründung gibt."*[2]

Die Herrschaft der Schreibnormen über den Schreibprozess hat schlimme Folgen für die Bereitschaft, Schrift und Text als Ausdrucksmittel anzuwenden, eine persönliche „Handschrift" im Unterricht zu entfalten: *„Wer sich eingehender mit der Geschichte des deutschen Aufsatzes befasst, dem weithin siegreichen Kampf des Vor-Schreibens gegenüber dem Frei-Schreiben, den schier unerschütterlichen Ritualen der Demütigung bei Korrektur und Benotung (‚Dem Aufsatz fehlt der richtige Höhepunkt. Du musst bessere Ausdrücke gebrauchen!'), der wird sich, dem pädagogischen Gewerbe selber zugehörig, gut getroffen fühlen.*

1) Vgl. Flitner, Andreas u.a.: Praktisches Lernen als Aufgabe und Möglichkeit der Schule und des Deutschunterrichts, in: Gidion/Rumpf/Schweitzer (Hg.): Gestalten der Sprache. Beltz-Verlag, Weinheim und Basel 1987, Seite 207 ff.

2) Enzensberger, Hans Magnus: Baukasten zu einer Theorie der Medien, in: Kursbuch, Heft 20/1970, Seite 159 ff.

© Verlag an der Ruhr, Postfach 102251, 45422 Mülheim an der Ruhr

Schreiben schüchtert ein, nicht alle, aber viele; macht Angst, erfordert den Sprung über eine imaginäre (Wie schreibt man das?) Hürde, selbst beim lächerlichsten Akt." [1]

Muss das so sein? Oder muss es so bleiben? Die Hoffnung auf einen weniger einschüchternden, dafür produktiveren Aufsatzunterricht steht noch immer auf der Tagesordnung der fachdidaktischen Diskussion. Das Ziel „gern und angstfrei schreiben" lässt sich, so meine Behauptung, mit Hilfe eines Konzepts „sinnvolles, freies, kreatives Schreiben" realisieren.

Sinn geben

Mit kleinen Schritten schon – etwa dem Führen von Ordnern statt Heften – ist es möglich, dem Schreiben im Unterricht mehr für SchülerInnen einsehbaren Sinn zu geben. Diese Arbeitsweise ermöglicht allen SchülerInnen Erfolgserlebnisse und Stolz auf die fertigen Arbeitsergebnisse. Die SchülerInnen schreiben alle ihre Texte selbst, auch die Gestaltung der Arbeiten liegt in ihrer eigenen Verantwortung. Sie können so ganz persönlich Gestaltungsmöglichkeiten entwickeln, eigene Vorstellungen ausprobieren und sehr selbstständig arbeiten. Das Bemühen, sorgfältig und sauber zu arbeiten, ist deutlich erkennbar: Das Ergebnis schließlich, so sagen die SchülerInnen, soll schön sein. Wobei sie bei der Verwirklichung dieses Ziels ihre eigene „Handschrift" entwickeln können.

---

1) Merkelbach, Valentin: Konzepte wider die Angst beim Schreibenlernen, in: Grundschule, Heft 2/1988, Seite 32 ff., hier: Seite 32.

Strukturen verändern

Damit Unterricht zu einer Sache wird, die SchülerInnen nicht erleiden, sondern aktiv gestalten, müssen die Binnenstrukturen des Unterrichts verändert werden. Der traditionelle Frontalunterricht wird abgelöst durch andere Arbeitsformen.

- **Gruppenarbeiten**
  Zu jedem Unterrichtsthema steht eine Reihe von Angeboten für Gruppenarbeiten zur Auswahl. In Gruppenarbeit entstehen z.b.: Wandzeitungen, Plakate und Collagen, Szenen und Hörspiele. Solche Ergebnisse kann man der (Schul-)Öffentlichkeit zugänglich machen: durch eine kleine Ausstellung, eine Aufführung usw. So bekommen derartige Arbeitsergebnisse zusätzlich Sinn.

- **Freie Arbeit**
  In „Freiarbeitsstunden" im Fach Deutsch kann jeder/jede das tun, was ihn/sie interessiert. Einzige Bedingung ist, dass diese Beschäftigung etwas mit „Deutsch" zu tun hat. So steht das in der Klasse vorhandene Arbeits- und Übungsmaterial (Rechtschreiben, Ausdruck, Grammatik) frei zur Verfügung. „Freie Texte" können geschrieben werden, zu all den Themen, die SchülerInnen wichtig finden. Mit der Druckerei kann gearbeitet werden, usw. Die SchülerInnen können sich frei in der Klasse bewegen, auch das Klassenzimmer verlassen, um vielleicht in einem anderen Raum ein Hörspiel aufzunehmen oder eine Erkundung durchzuführen.

© Verlag an der Ruhr, Postfach 102251, 45422 Mülheim an der Ruhr

- Projekte
Sprechen und Schreiben sind fast immer ein wesentlicher Teil eines Projekts. Viele Themen und Aufgaben des Deutschunterrichts kommen auf natürliche Weise in Projekten vor und werden den SchülerInnen selbst wichtig. Das gilt z.B. für Interviewtechniken und Gesprächsführung, die im Unterricht schwer zu üben sind. Es gilt auch für Berichte und Protokolle, für Zusammenfassungen und Briefe usw. Wie hieß es früher manchmal? „Jeder Unterricht ist Deutschunterricht!" So ist es.

„Schreibwerkstatt statt Aufsatzunterricht" könnte das Motto der Veränderung des Teilbereichs „Produktion von Texten" im Deutschunterricht sein.

3.2.
Sprache zum Anfassen

Schreibmaschine

In meiner Klasse können Texte auch mit dem PC/der Schreibmaschine geschrieben oder mit der Schuldruckerei gedruckt werden. Für SchülerInnen, die Probleme mit der Rechtschreibung und/oder mit der Handschrift haben, sind PC oder Schreibmaschine ein überaus wertvolles Werkzeug, um sich auszudrücken.
Der Reiz, auf der Maschine zu schreiben, ist nach über einem Jahr nicht geringer geworden.

Schriftverkehr

Bei vielen Aktivitäten ergibt sich Schriftverkehr als natürlicher Bestandteil des jeweiligen Vorhabens. Immer wieder gibt es Anlässe, Formen der Mitteilung an andere zu erlernen, zu üben und zu praktizieren: an SchülerInnen oder Schulen, aber auch an Verwaltungsstellen, PolitikerInnen, Institutionen und Zeitungen. Unsere Schreibmaschinen z.B. erhielten wir als Spenden, nachdem meine Klasse einen kleinen Artikel „Klasse 8b sucht gebrauchte Schreibmaschinen" in den beiden Lokalzeitungen veröffentlicht hatte. Zu einer Ausstellung über die Steinzeit fertigten SchülerInnen der 5. Klasse meiner Schule Plakate, einen kleinen Ausstellungsführer, eine Pressemitteilung und Einladungen an „Ehrengäste".

Wandzeitungen

Wandzeitungen sind sinnvolle Mittel, Unterrichtsergebnisse zusammenzufassen und übersichtlich darzustellen.
Es gibt aber noch mehr Möglichkeiten: Eine Wandzeitung „Unter uns" gibt die Möglichkeit, Kritik und Vorschläge festzuhalten. Rubriken könnten sein: „Das schlage ich vor", „Das finde ich nicht gut", „Das fand ich gut", „Das will ich wissen".
So wird sie ein Impulsgeber für lebhafte Diskussionen in der Klassengemeinschaft. Eine aktuelle Wandzeitung „Was meinst du dazu?" enthält von SchülerInnen ausgewählte Zeitungsartikel (oder eine Collage) zu einem aktuellem Thema. Rundherum ist Platz für Meinungsäußerungen: Im Laufe einer Woche könnte jeder Schüler/jede Schülerin mit (mindestens) einem Satz seine/ihre Meinung zum Thema aufschreiben.

© Verlag an der Ruhr, Postfach 10 22 51, 45422 Mülheim an der Ruhr

4. Schreibwerkstatt statt Aufsatzunterricht

Etwas zu sagen haben – und es sagen können!

Der „Freie Ausdruck" ist ein Herzstück der Freinet-Pädagogik. Ihm sollte ein breiter Raum im Deutschunterricht eingeräumt werden, damit sich SchülerInnen in ihrer Sprache wirklich wiederfinden können, sie ihnen also wirklich Muttersprache sein kann, und nicht ein System abstrakter Anforderungen und Strukturen.

Freier Ausdruck nämlich, in Schriftform gebracht, ergibt die Praxis der freien Texte im (Deutsch-)Unterricht:

• Alle Arten von Texten, alle Ausdrucksformen und Inhalte werden akzeptiert und gefördert. Ziel dabei ist die Erfahrung der Kinder und Jugendlichen, dass sie selbst Dinge mitzuteilen haben, die andere interessieren können. Wohlgemerkt: Diese Erfahrung muss Unterricht vermitteln! Diese Erfahrung bewirkt gleichzeitig eine Aufwertung der Schülerpersönlichkeit und eine Steigerung der Motivation für den weiteren Lernprozess.

• Es geht um einen *authentischen Selbstausdruck: „Am Anfang geht es vor allem darum, den Ausdruck aus angelernten Strukturen zu ‚befreien', schulische Allgemeinplätze abzubauen."* [1]

Célestin Freinet hat diesen grundlegenden Ansatz „natürliche Methode" genannt: *„Unsere natürlichen Methoden beruhen auf genau denselben Prinzipien, nach denen seit Menschengedenken Kinder sprechen und laufen gelernt haben. Niemand wäre auf die Idee gekommen, dass dazu Regeln, Aufgaben und Unterricht notwendig seien. … indem man spricht, lernt man zu sprechen; indem man schreibt, lernt man zu schreiben …"* [2]

Gerade in der Sekundarstufe I aber stößt der freie Ausdruck immer wieder auf Grenzen, die sehr oft durch die bereits erfolgte Anpassung der SchülerInnen an die Normen der Institution Schule bedingt sind.

Regt ein Lehrer/eine Lehrerin seine/ihre SchülerInnen an, doch „einfach" einmal aufzuschreiben, was ihnen wichtig ist, so wird er/sie oft feststellen, dass die SchülerInnen ratlos und hilflos sind! Abwehrhaltung von SchülerInnen wird man erleben müssen, Mangel an Individualität zu Gunsten von Klischees, fehlendes Selbstvertrauen, das sich in dem Gefühl äußert, „nichts zu sagen zu haben", schließlich mangelnde Aufmerksamkeit für die KlassenkameradInnen.

1) Baillet, Dietlinde: Freinet – praktisch. Beltz-Verlag, Weinheim und Basel 1983, S. 115 f. (Neuauflage 1999)
2) Freinet, Célestin, in: „La Méthode naturelle", zit. nach Baillet, ebenda, S. 46 f.

© Verlag an der Ruhr, Postfach 102251, 45422 Mülheim an der Ruhr

Schreibwerkstatt

SINN-VOLLE SCHREIB-ARBEITEN

DIE KLASSE ALS „SCHREIB-WERKSTATT"

NATÜRLICH RICHTIG SCHREIBEN

© Verlag an der Ruhr, Postfach 10225 I, 45422 Mülheim an der Ruhr

75

Mit Freiarbeit erfolgreich in der Sek. I

Dieser Zustand ist bedingt durch den vorherrschenden Aufsatzunterricht: SchülerInnen werden der Sprache entwöhnt, Schreiben ist ihnen äußerlich abverlangt, kaum Werkzeug sich selbst auszudrücken.

Das wichtigste Ziel im Sprachlernprozess aber ist doch, dass jede und jeder lernt, seine eigenen Schwierigkeiten beim Sprechen und Schreiben zu bewältigen, seine eigenen Sprech- und Schreibfähigkeiten zu entfalten. Dieser Zielsetzung entsprechend sollte jede geleistete Arbeit zwar als prinzipiell verbesserungswürdig und -fähig angesehen werden – nicht aber als ein Mittel, die Schwächen des Schülers/der Schülerin (rot!) zu unterstreichen!

Den Grundgedanken freier Texte hat Walter Hövel auf die kurze Formel gebracht:
„Schreib wann du willst,
worüber du willst,
was du willst!"

Er schreibt weiter:
„Es geht also darum, die Schüler
wirklich zu Wort kommen zu lassen,
so wie sie es können und wollen,
und nicht, wie es eine bestimmte
Aufsatzform vorschreibt, nicht, wie es
der Lehrer gern hätte, um überprüfen
zu können, dass die von ihm, dem
Lehrplan oder dem Schulbuchverlag
ausgesuchten Lehr- und Lerninhalte
auch fein gelernt oder transferiert
worden sind. Es geht darum,
den freien Selbstausdruck des
Menschen zu fördern, der die Schule
nicht abtrennt vom Leben, von der
Wirklichkeit ... Es geht darum, die
‚Phantasie des Menschen an die Macht'
zu lassen, und diese menschliche
Produktivkraft nicht zuzuschütten
durch Rechtschreibübungen, Diktate,

Grammatikpauken, Aufsatzlehre ...
Im Gegenteil fördern Freie Texte
größere Sicherheit im Ausdruck,
im Denken, Analysieren, Abstrahieren,
Rechtschreiben, Satzbau und
ästhetischen Gestalten von Texten." [1]

Es fängt damit an, dass SchülerInnen etwas zu erzählen haben – und das auch erzählen! Bezogen auf fragwürdige Resultate verschulten Lernens also schon damit, dass der Schüler/die Schülerin die Gewissheit haben kann, dass das, was er/sie zu erzählen hat, auch gefragt ist und ernst genommen wird. Leider erfahren SchülerInnen noch immer viel zu häufig das Gegenteil.

Wenn nun ein „Klima des freien Klassengesprächs", eine „Klassenöffentlichkeit" sich zu entfalten begonnen hat, dann lernen SchülerInnen erzählen und berichten: sich verständlich auszudrücken, Zusammenhänge zu erläutern, anderen zuzuhören, sich für andere zu interessieren.

Und wenn diese offene Atmosphäre entsteht, dann wird sich dieser freie Ausdruck der SchülerInnen auch in Texten artikulieren.

Schreib-Techniken

Doch wie kann ich freie Texte einführen? Kolleginnen und Kollegen, die an Grundschulen unterrichten und die diese Technik seit Jahren pflegen, tun dies überhaupt nicht: Sie lassen die Kinder das schreiben, was sie wollen.

---

1) Hövel, Walter:
Freie Texte – selber schreiben.
Verlag an der Ruhr,
Mülheim 1987,
Vorwort.

© Verlag an der Ruhr, Postfach 102251, 45422 Mülheim an der Ruhr

Wenn aber durch einige Jahre „Aufsatz- und Schreiberziehung" das natürliche Schreiben verschüttet wurde, dann bietet sich als erster (Um-)Weg das Angebot von Schreibtechniken an: Formen des Schreibens werden erklärt und zur Verfügung gestellt, niemals aber Inhalte vorgeschrieben.

Mit der Zeit lernen die SchülerInnen also eine Reihe von Methoden für das Schreiben eigener Texte, sie werden sicherer im Ausdrücken eigener Gedanken und Gefühle und können schließlich einen eigenen Stil finden.

Beispiele:
- SchülerInnen wählen sich ein *Adjektiv* aus und schreiben dazu einen Text.
- Sie schreiben die Buchstabenfolge des *Alphabets* untereinander und schreiben zu jedem Buchstaben ein Wort oder einen Satz.
- Der *Anfang* einer Geschichte ist vorgegeben: „In einer dunklen Nacht gab es einen Riesenknall …"
- Zu einem selbstgewählten Thema schreiben SchülerInnen *Fragen* auf.
- Ein Text wird in *Jugendsprache* übersetzt.

An/stiftung zum Schreiben

Was können wir schreiben? Worüber? An wen? Wofür?

Erlebnisbericht	über das Wochenende, über die Ferien, aus dem Urlaub, über die Klasse, über Träume …
Geschichten	über Tiere, Fantasiegestalten, Ritter, Personen aus Büchern, Comic-Helden, Science Fiction …
Buchberichte	über Bücher, die du gelesen hast
Sachtexte	über Menschen, Tiere, Pflanzen, Sachen, Ereignisse und Vorgänge, die dich interessieren …
Reportagen	über Fußballspiele, Tennisspiele, Autorennen, Sportfeste …
Kalenderblätter	für den Klassen-Wandkalender oder das Klassen-Tagebuch
Protokolle	über Beschlüsse, Wahlen, Regeln der Klasse, vom Klassenrat …
Drehbücher	Hörspiele, Spielszenen, Theaterstücke …
Bastelanleitungen	Modellflugzeuge, Spiele, Fahrradreperatur, Geschenke …
Kochrezepte	Lieblingsessen, Karamellbonbons, Popcorn …
Briefe	an Freunde und Verwandte, kranke Klassenkameraden …
Kommentare	deine Meinung zu Dingen, die dich stören oder die du gut findest …

- *„Stell dir vor"* – SchülerInnen versetzen sich in die Rolle eines Millionärs, einer Sängerin, eines Ritters, einer Ärztin und beschreiben deren Tageslauf.
- *Träume* werden aufgeschrieben.
- Aus ausgeschnittenen *Schlagzeilen und Überschriften* wird ein neuer Text zusammengeklebt.

Walter Hövel hat 55 solcher Schreibtechniken in einer anregenden Kartei für den Unterricht zusammengefasst. [1]

Schreib-Ideen

Besonders für die erste Phase der Praxis freier Texte ist es wichtig, dass SchülerInnen sich wieder frei-schreiben. Verschiedene Sprach- und Schreibspiele sowie Schreib-Ideen sind dabei sehr hilfreich. Dabei geht es um Anregungen für diejenigen SchülerInnen, die nicht wissen, was sie schreiben könnten. Die jetzt im Unterricht entstehenden freien Texte werden nicht mehr „für den Papierkorb" geschrieben. Sie werden verarbeitet und in vielfältiger Weise veröffentlicht:

- Texte werden vorgelesen und besprochen, vielleicht in einer festen wöchentlichen Stunde dafür.
- Jede Woche (oder anfangs jeden Monat?) schreibt jeder Schüler/jede Schülerin einen freien Text.
- Die SchülerInnen können ihre Texte in einem Schnellhefter sammeln, oder
- in der Klasse steht ein „Geschichten-Ordner", in dem alle entstandenen Texte gesammelt werden.

---

1) Hövel, Walter:
Freie Texte – selber schreiben.
Verlag an der Ruhr, Mülheim 1987,
55 Karteikarten (Vorderseite Deutsch,
Rückseite Englisch)

- Aus ausgewählten Texten können bunte oder thematisch gebundene Klassenzeitungen oder -Bücher entstehen, die dann auch einer über die Klasse hinausgehenden Öffentlichkeit zugänglich gemacht werden.
- In der Klasse gibt es eine Wandzeitung (Pinnwand), an der Texte ausgehängt werden können.

Übrigens:
Freie Texte sollten niemals mit einem roten Stift korrigiert werden!
Das Korrigieren des Textes – z.B. vor der Veröffentlichung – ist Sache des Verfassers/der Verfasserin. Dabei kann der Lehrer/die Lehrerin selbstverständlich helfen.

Möglichkeiten gibt es viele. Alle tragen dazu bei, dass SchülerInnen erkennen: *„Schreiben ist wichtig!"* Und dass sie mit (Eigen-)Sinn schreiben lernen.

ICH KANN SCHREIBEN – DU KANNST SCHREIBEN – JEDE/R KANN SCHREIBEN ....

© Verlag an der Ruhr, Postfach 102251, 45422 Mülheim an der Ruhr

Geschichten schreiben

1 Dir kommt eine Idee!

2 Ein erster Entwurf der Geschichte ...

Du suchst dir
1–2 MitarbeiterInnen ...

... liest ihnen
die Geschichte vor und ...

... sie hören zu und sagen
dann ihre Meinung.

3 ## Schreibkonferenz

*Ist der Inhalt
verständlich? Ist er
interessant geschrieben?
Was muss verbessert
werden?*

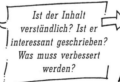

Der Text wird nun
Satz für Satz durchgearbeitet.

Du überarbeitest
deine Geschichte.

Endredaktion

4 Deine Geschichte
wird nachgesehen.

5 Wenn nun alles klar ist, wird die Geschichte
veröffentlicht (Geschichtenheft, Buch/Druck).

© Verlag an der Ruhr, Postfach 102251, 45422 Mülheim an der Ruhr

5. Rechtschreiben durch „richtiges" Schreiben

„Rechtschreiben kann ich sowieso nicht!"
Wer kennt nicht diese resignierte Feststellung so mancher SchülerInnen. Und sicher kennen Sie auch die folgenden (oder ähnliche) Aussagen: „Mündlich war ich ja besser, aber in Aufsatz bin ich nicht klargekommen." „Deutsch war total öde. Da haben wir dann so Sachen gelernt von Nomen und Adjektiven und so."

Gerhard Sennlaub berichtet über ein Gespräch mit einem „leistungsschwachen" Schüler im Fach Deutsch: „Auf meine Bemerkung, dass er, Udo, nun die ganze Zeit etwas benutzt habe, was er eigentlich nicht könne, nämlich ‚Deutsch', stutzte er, lachte dann und meinte, das sei doch wohl etwas anderes – ‚Deutsch in der Schule' und ‚so reden': Deutsch in der Schule sei für Noten – Deutsch sonst sei ‚normal'."[1]

1) Sennlaub, Gerhard: Spaß beim Schreiben oder Aufsatzerziehung? Kohlhammer-Verlag, Stuttgart, 7. Aufl. 1998

© Verlag an der Ruhr, Postfach 102251, 45422 Mülheim an der Ruhr

Eine oft langweilige Angelegenheit also, dieser Rechtschreibunterricht. Aber man fühlt sich eben verpflichtet: In der Schule lernt man Lesen, Schreiben und Rechnen. Und das Rechtschreiben scheint immer noch eine Art Grundpfeiler der Schule zu sein – „heimliches Hauptfach Rechtschreiben", sagt Gerhard Sennlaub.

Geplagte LehrerInnen diktieren also Texte – zur „Übung", wie sie sagen, oder zur „Leistungsmessung" als Klassenarbeit. Geplagte SchülerInnen! Mögen solche Diktate auch Sammlungen entnommen sein, die „Schmunzeldiktate" oder „Diktate zum Lachen und Lernen" heißen – SchülerInnen plagen sich mehr schlecht als recht damit herum. Entfremdetes, fremdbestimmtes Schreiben. Frust statt Lust. Schreiben zum Abgewöhnen!

Meistens sehr gründlich besprechen wir die Sache: „Konsonantenverdoppelung" oder „dass – das". Die Sprachbücher bieten bunte, „motivierende" (?) Übungsformen an: Wörterschlangen, Reimübungen … Sie kennen das! Ja, und dann schreibt man ein Diktat oder einen Aufsatz – und merkt, dass dieser „Rechtschreibunterricht im Gleichschritt" eigentlich gar nichts nützt. Gute Rechtschreiber konnten es sowieso schon, und die schwächeren haben kaum etwas oder nichts gelernt.

5.1.
Alle Jahre wieder „dass – das"?

Eigentlich ist das wirklich kein Wunder. Gerhard Sennlaub schreibt:

„Ich halte auch nichts von einer übenden Wiederholung nach Rechtschreibgebieten. Was kommt dabei heraus, wenn Groß- und Kleinschreibung en bloc geübt werden, Getrennt- und Zusammenschreibung, Fremdwortschreibung und Dehnungs-h? Welchen plausiblen Grund sollte es für eine derart unnatürliche Übungssystematik geben? Sie ist bestenfalls geeignet, dem Lehrer zu suggerieren, er übersehe nichts Wichtiges bei seinen Übungen. Unentbehrlich ist solches Verfahren nur für jene, die sich nach ein paar Wochen Lernfortschritt attestieren wollen. Aber für praktische Schularbeit ist diese künstliche Systematik nach meiner Überzeugung ungeeignet." [1]

Auch die Konsequenz liegt doch nahe: Schaffen wir als LehrerInnen unseren SchülerInnen vielfältige, sinnvolle Gelegenheiten zum Lesen und zum richtigen Schreiben. Ein paar Beispiele:
• Berichte und Geschichten für die Klassenzeitung und für die Schülerzeitung
• Berichte für das „Klassentagebuch"
• Geschichten zu Themen, die die SchülerInnen sich selbst gewählt haben

1) Sennlaub, Gerhard (Hg.): Heimliches Hauptfach Rechtschreiben. Agentur Dieck, Heinsberg 1984, S. 127.

Lassen Sie die SchülerInnen kurze Texte schreiben, die diese in einem überschaubaren Zeitrahmen anfertigen können. Werden die Texte mit schönen/ witzigen Fotos und/oder Illustrationen und großen Überschriften auch optisch gestaltet, sind die SchülerInnen motiviert, öfter solche Texte zu verfassen. Je professioneller die Form ist, in die man die Texte bringt, um so mehr sind die SchülerInnen auch bemüht, möglichst fehlerfrei zu schreiben: Ihr Text ist dann nämlich nicht mehr nur etwas rein Privates. Denn er wird von anderen gelesen – also veröffentlicht. Und ein solch wichtiger Text soll natürlich nicht nur möglichst schön aussehen, sondern auch ohne Fehler sein.

Was Ihnen jetzt noch Sorgen macht, sind die Eltern? Weil sie erwarten, dass ab und zu Diktate geschrieben und benotet werden? Und weil übrigens auch viele SchülerInnen das erwarten? Und überhaupt wegen der Vorschriften?

Nun gut, also ... Dann setzen wir uns über Wörterbücher und Diktatsammlungen und konstruieren – wieso eigentlich konstruieren?

Haben Sie nicht auch eine Menge Texte von SchülerInnen? Da waren doch noch die Aufsätze über den Besuch im Freilichtmuseum. Oder die netten Berichte über die Klassenfahrt und der Text über den Pyramidenbau. Und erst Michaels Indianergeschichte, Beates spannender Text über Inline-Skating ...

Kurz: Verwenden Sie doch solche Texte für das nächste Diktat! Am besten den Text eines Schülers/einer Schülerin aus einem gerade aktuellen Unterrichtsthema. Der Vorteil liegt auf der Hand: Sie haben einen gut formulierten,

nicht langweiligen, aus dem Wortschatz der SchülerInnen bestehenden Text.

Ein Kollege berichtet:
„Als ich den Text an die Tafel schrieb, erkannten die Schüler sofort den Inhalt, waren überrascht. Der Verfasser am meisten. Stolz tat er kund, dass es sein Text war. Einige waren ungläubig, trauten ihm das nicht zu. Schließlich sind solche Diktattexte doch von „Gebildeten" formuliert. Überflüssig zu erwähnen, dass der Verfasser für sein Diktat eine gute Note, im Vergleich zu vorher eine hervorragende Note erhielt.

Das Diktat fiel allgemein gut aus. Einige ‚todsichere' 6er-Kandidaten verbesserten sich enorm. Ich blieb bei dem System. Die Leistungen wurden besser. Worüber ich noch grübelte, war, dass die Diktate vielleicht zu leicht waren und deshalb besser ausfielen. Wo blieben die Wörter des passiven Wortschatzes und die neu zu lernenden? Ich verwandte vor allem Texte aus den Sachfächern, die von Schülern formuliert waren. Diese enthielten immer ein bestimmtes Maß an neuen und nicht einfachen Wörtern. Außerdem bearbeitete ich sie noch. Mein Schulmeistergewissen kann sich beruhigen!" [1]

Das denke ich auch!
Ich verwende auch Texte aus dem Leben der Klasse oder der Schule – über die Einrichtung des Klassenraums, über die Klassentiere, über das Schulfest, die Projektwoche ...

---

1) Loska, Rainer:
   Schüler-Tegste als Diktate,
   in: Freinetpädagogik.
   Ein Werk- und Atelierbuch.
   Pädagogik-Kooperative,
   Bremen 1986, S. 41 f., hier: S. 42.

© Verlag an der Ruhr, Postfach 102251, 45422 Mülheim an der Ruhr

Die Erfahrung, die der Kollege eben beschrieben hat, die mache ich jetzt ebenso. SchülerInnen können mit diesen Texten etwas anfangen. Die Sachverhalte sind ihnen vertraut. Wortmaterial und grammatische Strukturen ebenso.

Sicher ist das kein Rezept für alle Fälle. Aber nachdem so mancher „Legastheniker", der sonst 30, 40 Fehler produzierte, jetzt eine „3" oder „4" schreibt und kein meilenweiter Abstand zu den anderen übrigbleibt, bin ich sehr zufrieden.

Denn ist das nicht ein schönes Ziel für DeutschlehrerInnen, dass möglichst jeder/jede unserer SchülerInnen die Anforderungen eines Diktats bewältigen kann?

5.2.
Rechtschreibung und/oder Freude am Schreiben?

Unser Ziel muss es sein, SchülerInnen die Freude am Schreiben in der Schule zu erhalten – nicht, ihnen den Spaß daran durch den üblichen „Aufsatzunterricht" zu verderben. „Aber die Rechtschreibung!", werden manche KollegInnen jetzt vielleicht einwenden: „Man kann doch Schüler nicht einfach frei schreiben lassen!"

Aber doch! Genau das sollen wir! Und wenn SchülerInnen schreiben sollen, dann sollen sie sich *in erster Linie* schriftlich äußern, und erst dann Rechtschreiben üben.

Lassen wir wieder **Gerhard Sennlaub** zu Wort kommen:
„Aber die ‚Kinder prägen sich bei dieser Arbeitsweise keine festen Wortbilder ein, und es ist fast unmöglich, die entstehenden Rechtschreibmängel zu beheben'.
Antwort: Dieses Argument widerlegt sich selbst: Wenn sich keine festen Wortbilder einprägen, können sich ja auch die falschen Wortbilder nicht einprägen. Man könnte also allenfalls folgern, das frühe freie Schreiben lasse das Rechtschreibvermögen nicht wachsen. Wenn das so sein sollte, dann nehme ich es gern in Kauf ...
Die alten Rechtschreibfachleute plädieren durchweg dafür, mit Aufsätzen erst so spät wie möglich zu beginnen ...
Denn ihnen war das rechte Schreiben wichtiger als die Freude am Schreiben." [1]

Beim immer noch vorherrschenden Aufsatzunterricht in der Sekundarstufe I verhält es sich ganz ähnlich: Hier lassen noch immer viele LehrerInnen SchülerInnen erst dann Texte schreiben, wenn sie ihnen die formalen Kriterien der verschiedenen Aufsatzformen „beigebracht" haben.

Genau umgekehrt aber wird ein Schuh daraus: Aus Geschichten, die die SchülerInnen spontan und zu eigenen Themen geschrieben haben, können auf natürliche Weise Merkmale einer „guten" Geschichte erarbeitet werden; aus Berichten über gelesene Bücher z.B. könnten die Charakteristika einer Inhaltsangabe abgeleitet werden. So stellen wir Aufsatzunterricht vom Kopf auf die Füße, ausgehend von den in möglichst lustvoller Weise entstandenen Texten der SchülerInnen.

---

1) Sennlaub, Gerhard (Hg.): Heimliches Hauptfach Rechtschreiben. Agentur Dieck, Heinsberg 1984, S. 74 f.

© Verlag an der Ruhr, Postfach 102251, 45422 Mülheim an der Ruhr

5.3.
Konzepte gegen den „heimlichen Analphabetismus"

In die Schreibdidaktik ist in den letzten Jahren Bewegung gekommen. Angestoßen durch Ideen der Freinet-Pädagogik haben sich Ansätze freien, kommunikativen und kreativen Schreibens entwickelt, die darauf abzielen, der grassierenden Schreibmüdigkeit und -unlust bei vielen SchülerInnen zu begegnen.

Auf den Alltag des Deutschunterrichts allerdings greift diese Entwicklung nur sehr allmählich über.
Die tradierten Schreibrituale der Schule scheinen solchen frischen Luftzügen zu widerstehen.

Ein Hauptgrund dafür ist sicher die Tatsache, dass in der Schule nach wie vor ein *„heimliches Haupt-fach Rechtschreiben"* (Gerhard Sennlaub) existiert: „Korrekt" soll geschrieben werden, unter wachsendem Auslesedruck. Viele LehrerInnen glauben, mit besonders straffer „Führung" den Felsbrocken „Rechtschreibung" den Berg hinaufrollen zu können: Je weniger die SchülerInnen selbstständig schreiben, desto weniger Fehler können sie machen.
Also wird möglichst viel vorgegeben: Lückentexte, Auswahlantworten, verdrehte Sätze, Diktattexte.
Und das Abschreiben ist noch immer eine Hauptform des Schreibens in der Schule.

Verunsicherung

In den letzten 20 Jahren ist eine zunehmende Verunsicherung bei der Frage zu beobachten, welchen Stellenwert Rechtschreibung überhaupt hat oder haben sollte. Einerseits sehen viele KollegInnen eine korrekte Rechtschreibung als sehr bedeutsam an, wobei sie auf die Anforderungen der Arbeitswelt verweisen. Andererseits grassiert „der Frust" bei LehrerInnen *(„Ich kann bei denen ja jedes Jahr wieder ‚dass'/‚das' machen, das kapieren die nie!")* und bei SchülerInnen *(„Schon wieder Rechtschreiben, ist doch öde!")*.

Rechtschreiben wurde in Schulbüchern und Unterricht auf Rechtschreibstunden und -unterrichtseinheiten beschränkt und damit isoliert. Das Ziel der Sicherung grundlegender Fähigkeiten und Fertigkeiten im Schreiben wird oft faktisch als unerreichbar angesehen, zumindest wird das Fehlen solcher Grundlagen nicht selten mehr oder weniger stillschweigend akzeptiert oder resignierend zur Kenntnis genommen.

Viele LehrerInnen klagen über Unsicherheit beim Schreiben, über zahlreiche Fehler in allen Rechtschreibbereichen, über mangelnde Übungsbereitschaft, schlechte Schrift, langsames Schreibtempo, Konzentrationsmängel. Oft gelingt noch nicht einmal das schlichte Abschreiben. All dies hat die oben erwähnte „enge Führung" im Rechtschreibunterricht nicht beheben können. Die Klagen über den „Verfall der Rechtschreibung" gehen bis hinein in die gymnasiale Oberstufe und die Hochschulen. Sogar von einer „Rechtschreibkatastrophe" wird wieder einmal gesprochen.

Heimlicher Analphabetismus?

Allerdings gibt es weitaus Schlimmeres zu beklagen als das nicht oder nur unzureichend „gekonnte" Rechtschreiben. An unseren Schulen, so stellt **Marion Bergk** zu Recht fest, gibt es *„eine große Hilflosigkeit, ohne Formblatt oder Muster selbst einen Text aufzusetzen, die Angst, sich schriftlich zu artikulieren, ein heimlicher Analphabetismus inmitten einer Flut von Gedrucktem."*

Und an dieser fatalen Erscheinung, die zu einer Massenerscheinung zu werden droht, hat unser überkommener Rechtschreibunterricht zumindest eine Mitschuld.

Richtiges Schreiben nämlich lernt man durch sinnvolles Schreiben und eben nicht durch Sortieren von Buchstaben, Ausfüllen von Lücken, Ergänzen von Wortruinen. Diese Wortruinen-Übungsformen erreichen eher das Gegenteil dessen, was sie versprechen. Sie verunsichern SchülerInnen, vor allem die mit den größten Problemen bei der Rechtschreibung.

5.4. Didaktik selbstverantwortlichen Schreibens

Kein Fach zerfällt so leicht in voneinander isolierte Teilbereiche wie der Deutschunterricht. In der Rechtschreibstunde geht es nur um die Rechtschreibung, in der Aufsatzstunde nur um den Inhalt, in der Grammatikstunde um formales Grammatikwissen. Anzustreben ist demgegenüber ein Deutschunterricht, der nicht in Lesen, Schreiben, Rechtschreiben und Aufsatzschreiben zerhackt ist. **Marion Bergk** formuliert die Perspektive: *„Dagegen möchte ich eine Didaktik des selbstverantwortlichen Schreibens setzen. Schreibmündig werden die Kinder, so meine ich, durch das selbstständige Verfassen und Korrigieren ihrer Texte. Und damit können sie in den ersten Schulwochen beginnen."*

Und damit sollten sie nie in ihrer „Schullaufbahn" aufhören (müssen)!

Handelnder Schriftspracherwerb

„Rechtschreiben lernen von Anfang an", das fordert Marion Bergk für die Grundschule, dies aber entspricht keineswegs der gängigen Unterrichtspraxis: Zuerst lernen die Kinder gewöhnlich lesen. Das Schreiben kommt später. Es muss durch Übungen der Feinmotorik vorbereitet werden. Mit dem Rechtschreiben hat es noch länger Zeit.

© Verlag an der Ruhr, Postfach 102251, 45422 Mülheim an der Ruhr

---

Richtig schreiben!
Wichtige Bücher zum Thema:

Bartnitzky, Horst:
Sprachunterricht heute.
Cornelsen Scriptor-Verlag,
Frankfurt/M., 4. Aufl. 1998.

Im ersten Teil des Buches resümiert der Autor kritisch und prägnant die Entwicklung der Deutschdidaktik. Anschließend stellt er Prinzipien und Ziele modernen, kind- und schülerorientierten Deutschunterrichts dar, schließlich zeigt er „Wege und Beispiele" für den Deutschunterricht heute auf, die einen großen Teil des Buches zu einer Fundgrube praktischer Anregungen und Ideen machen. Geschrieben für Lehrerinnen und Lehrer an der Grundschule habe ich das Buch als Lehrer in der Sekundarstufe mit großem Gewinn gelesen und viele Anregungen für meinen Unterricht erhalten.

Bergk, Marion:
Rechtschreibenlernen von Anfang an.
Diesterweg-Verlag,
Frankfurt/M., 5. Aufl. 1996.

Ein Rezensent hat dieses Buch als „kopernikanische Wende des Rechtschreibunterrichts" bezeichnet. Tatsächlich ist es nicht nur nützlich, sondern auch spannend zu lesen.

Die folgenden Stichwörter charakterisieren Marion Bergks Ansatz: Handelnder Schriftspracherwerb, gemeinsame Anfänge individuellen Lernens und Schreibens, Handeln mit Wörtern, Eigenfibel und Grundwortschatz. Trotz der Vielzahl von Vorschlägen und Hilfen für den alltäglichen Unterricht ist das Buch keine „Rezepte-Kartei", sondern ein gutes Stück didaktischer Konzeption, das in der Lage ist, Unterricht zu verändern.

Zuvor müssen die Kinder die einzelnen Buchstabenformen beherrschen. Dann erst können sie lernen, die Buchstaben richtig aneinander zu reihen. Noch später, irgendwann im zweiten Schuljahr, sind sie dann so weit, dass sie eigene Sätzchen und Aufsätzchen bauen dürfen.

Die Frage ist berechtigt, ob Lesen-, Schreiben-, Rechtschreiben- und Aufsatzschreiben-Lernen nicht zusammengehören, und ob das Selbstproduzieren nicht das Zentrum des Schriftspracherwerbs sein müsste.

Schreiben als Ausdrucksmöglichkeit

In seinem immer noch anregenden Buch „Sprachunterricht heute" stellt **Horst Bartnitzky** die – auch in der Sekundarstufe immer wieder aufgeworfene – Frage, wo und wann SchülerInnen eigene Texte schreiben sollen, wobei die korrekte Rechtschreibung immer wieder zum Dreh- und Angelpunkt gemacht wird. Bartnitzky: *„Dahinter steht das Fehlervermeidungsprinzip: Die Kinder dürfen nichts schreiben, was nach den Regeln der normierten Orthographie falsch ist. Dieses Prinzip steht aber im Widerspruch zur tatsächlichen Ausdrucksfähigkeit der Schüler und zu ihrem Wunsch, sich schriftsprachlich zu äußern. Es steht auch im Widerspruch zu dem Ziel, Motivationen zum Schreiben auf- und auszubauen und nicht durch äußere Bedingungen (wie der Normschreibung) zu drosseln oder zu vernachlässigen."*

Didaktisch bedeutsamer als das Ergebnis ist allemal der Prozess dorthin. Aus Situationen, die zum Schreiben anregen, lernen SchülerInnen die Hinweise und Methoden, die ihr eigenes Schreiben leiten. Sie lernen so, bewusster mit ihrer Sprache umzugehen. Der fertige Text ist dann nicht der einmalige Wurf, eben der Aufsatz, sondern ein Text, der überprüft und verbessert werden kann. Der Prozess, namllch die ‚Arbeit am Text' ist – didaktisch gesehen – damit für das Lernen bedeutsamer als das Ergebnis (während für die Kinder in der Regel das Ergebnis das Wichtige ist, für das sich die Anstrengungen lohnen müssen).

Freie Texte und selbstständig formulierte Texte zu den Themen des Unterrichts – das sind die Schlüssel zur Veränderung des Schreib- und Aufsatzunterrichts.

Wenn dann (wozu nur dringend geraten werden kann) Texte von SchülerInnen veröffentlicht werden (Pinnwand, Klassenzeitung, Schulzeitung, Klassen-Buch), dann müssen sie verbessert und für die Veröffentlichung neu geschrieben, getippt, gestempelt, gedruckt werden. Auch dieser Überarbeitungsprozess ist für die Entwicklung des Rechtschreibenkönnens wichtig.

... und die Diktate?

Diktate, die nicht gesichertes Wissen abrufen, provozieren Fehler, benachteiligen die schwächeren Rechtschreiber, entmutigen. Diktate werden zum Nachweis von Misserfolgen. Verbessern Diktate eigentlich die durchschnittlichen Rechtschreibleistungen? Sind sie mehr als ein Ausleseritual?

Warum eigentlich kann das Wörterbuch beim Diktat nicht verwendet werden? Wäre das nicht eine starke Motivation zum regelmäßigen Nachschlagen?

Ich behaupte, dass man Rechtschreiben nicht lernt, indem man für Diktate lernt. Machen Sie die Probe: Schreiben Sie dasselbe Diktat nach einem halben Jahr ohne erneute Vorbereitung noch einmal. Aber wahrscheinlich ahnen Sie das Ergebnis ...

Motivation wollen wir? Ermutigung durch Erfolgserlebnisse? Steigerung der Lern- und Leistungsbereitschaft durch wachsende Sicherheit? Dann fangen wir an:

• Lassen Sie SchülerInnen selbst Texte für Partnerdiktate und Rechtschreibübungen schreiben.
• SchülerInnen schreiben ihre Diktattexte selber, der Lehrer/die Lehrerin verwendet Texte von SchülerInnen aus dem aktuellen Unterrichtszusammenhang als Diktattexte.
• SchülerInnen können sich ein eigenes „Wörterbuch" oder eine Rechtschreibkartei erarbeiten, als Handwerkszeug für das eigene Schreiben.
Und vor allem: Lassen Sie SchülerInnen Texte produzieren. Klassentagebuch, Klassen-Bücher, Zeitungen, all das sind Medien für einen produktiven und schüleraktiven Deutschunterricht, der „selbstverantwortliches Schreiben" konkret verwirklicht.

Denn „richtig schreiben" lernt man durch „richtiges" Schreiben. Und: SchülerInnen gewinnen Schrift und Sprache als Werkzeug ihres eigenen Ausdrucks (zurück). Sprachhandeln wird zum Zentrum eines anderen Deutschunterrichts.

7.
Der „freie Text" – ein Lernweg?

Die provokante Forderung Célestin Freinets *„Weg mit den Schulbüchern in der Schule"*[1] hat auch heute noch nichts von ihrer Aktualität eingebüßt. **Auf der Suche nach adäquaten Ausdrucksmöglichkeiten für seine SchülerInnen entdeckte Freinet den Buchdruck, die pädagogische Druckerei in der Klasse.**

„Bis jetzt blieb der Buchdruck da, wo er Eingang gefunden hatte, ein gewiss interessantes, aber nicht wesentliches Beiwerk im Leben der Schule. Wir haben Besseres getan: Wir haben den Buchdruck wahrhaft in unsere Klassen hineingetragen, wir haben ihn ebenso unentbehrlich gemacht wie Feder und Bleistift; wir haben ihn zur Grundlage einer neuen Arbeitsmethode gemacht, die vollständig auf der freien Betätigung der Kinder beruht ..."[2]

1) Vgl. Freinet, Elise: Erziehung ohne Zwang. Klett-Cotta, Stuttgart 1978, S. 30 ff.
2) Freinet, Célestin: Der Buchdruck in der Schule, in: Lehrer und Schüler verändern die Schule. Arbeitskreis Grundschule, Frankfurt am Main 1978.

Das Neue war weniger die Druckerei in der Schule, die bereits lange vor Freinet, z.b. im Kunstunterricht, bekannt war, sondern ihre Verbindung mit einer pädagogischen Idee – den „freien Texten". Die Druckerei wurde unter Freinet in der Hand der Kinder zum Ausdrucksmittel für eigene Gedanken und Erlebnisse. Mit ihr beschritt er einen völlig anderen Weg als beispielsweise den bei uns auch heute noch praktizierten Weg der beruflichen Bildung. Im Gegensatz zu Setzerlehrlingen, die jahrelang fremde Texte absetzen und gestalten müssen, können und sollen die Kinder im Freinet-Unterricht ihre eigenen Texte setzen, gestalten und drucken.

Alle gesellschaftlich voneinander getrennten Arbeitsvorgänge werden wiedervereinigt. So sind in der Klassendruckerei die Kinder zugleich Autoren, Verleger, Setzer, Drucker, Buchbinder und Buchhändler in einer Person.

Buchstabe für Buchstabe, Wort für Wort und Zeile für Zeile entsteht ein Text, der mit den inneren (gedanklichen) und äußeren (manuellen) Fähigkeiten der Kinder unmittelbar zu tun hat und der eine direkte Verbindung von Hand und Kopf herstellt. Der Inhalt (das Wort) und die Form (Gestaltung) werden als Einheit erfahren und sind eine untrennbare Grundlage für den Abbau der Herrschaft des Gedruckten.

Die SchülerInnen selber erhalten Macht über die schwarze Kunst, über ihren eigenen Ausdruck und gehören damit im wahrsten Sinne des Wortes nicht mehr der schweigenden Mehrheit an.

© Verlag an der Ruhr, Postfach 102251, 45422 Mülheim an der Ruhr

Indem er den SchülerInnen inhaltlich freien Raum ließ, nahm Freinet ihre gedruckten Erfahrungen und Alltagserlebnisse an. Er erkannte den ungeheuren Lernwert der Texte und erfuhr, wie betroffen und engagiert MitschülerInnen – im Gegensatz zum Fibeltext – inhaltlich auf die Produkte der eigenen Druckwerkstatt reagieren. Es ist eben doch etwas ganz anderes, wenn ein Kind über den Unfall eines geliebten Tieres oder Erlebnisse mit dem Fahrrad selbst schreiben und drucken kann.

Der Inhalt ist das, was die anderen betrifft – das Medium die sichtbare Anerkennung dieses ausgelebten Freiraumes. Schrift und selber schreiben erhalten einen unmittelbaren Gebrauchswert, sind Mittel zum Austausch von Gedanken, Gefühlen und Erfahrungen, werden zum sinnvollen Ausdrucksmittel des Schreibers für seine inneren Vorgänge. Voraussetzungen für diese, an der Persönlichkeit des Kindes orientierte Arbeit sind neben den Werkzeugen vor allem die Bedingungen der Arbeit. Wer als Lehrer/Lehrerin von ihnen den „freien Text" wie einen so genannten „freien Aufsatz" im Kontext einer vorbelasteten Prüfsituation verlangt, macht aus den inhaltlichen Möglichkeiten des selbstbestimmten Schreibens wieder nur eine instrumentelle Disziplinierung. Der „freie Text" muss wirklich frei sein und darf nicht durch die Vorgabe verschulter Aufgaben unnötig eingeschränkt oder gar unterdrückt werden. Wer den „freien Aufsatz" schreiben lassen will, soll ihn auch so nennen – mit der Anfertigung „freier Texte" hat das nichts zu tun. Der „freie Text" ist in einem pädagogischen Zusammenhang integriert, in dem die Kinder selbstverantwortlich mitarbeiten, d.h. auch über ihren eigenen Lernprozess bestimmen können.

Im Rahmen des „individuellen Unterrichts" können sie so über einen bestimmten Unterrichtszeitraum, der mit ihren Fähigkeiten wachsen soll, im Rahmen der Möglichkeiten frei verfügen. Entsprechend den von LehrerInnen und SchülerInnen gestalteten Arbeitsateliers können sich die SchülerInnen selbstständig und kreativ für eine bestimmte Tätigkeit, so auch das Schreiben und Drucken eines „freien Textes" entscheiden.

Wesentlich ist die verantwortliche Zuweisung eines Freiraumes im Unterricht, in dem der Einzelne sich nach seinen Bedürfnissen und Gefühlen entscheiden kann.

Über diese an der Persönlichkeit des Kindes orientierte Unterrichtsarbeit entwickeln die SchülerInnen eine eigene Kompetenz im Umgang mit verschiedenen Werkzeugen und Materialien.

„Beim Drucken wird die Sprache von den Händen der Kinder auseinandergenommen und wieder zusammengesetzt, sie ist keine anonyme Formulierung mehr, sondern wird ihre eigene Schöpfung. Die Kinder, die über die technischen Mittel ihrer Arbeit verfügen, können von nun an der traditionellen Passivität des Unterrichteten den Rücken kehren und machen sich zum Subjekt ihrer Erziehung, die nicht als einsames Abenteuer, sondern als kollektive Selbstschöpfung in der Druckerei aufgefasst wird ..."

Célestin Freinet

© Verlag an der Ruhr, Postfach 10225!, 45422 Mülheim an der Ruhr

Der Lehrer/die Lehrerin wird sinnvolle Bezugsperson, die für Fragen und Lernhilfen zur Verfügung steht, an die das Lernen des Schülers/der Schülerin aber nicht gebunden ist. Jeder lernt in seinem Körperrhythmus, in Eigenverantwortung und in der Auseinandersetzung mit der Gruppe. Die einzelnen Lernschritte und der Grad der zu bewältigenden Schwierigkeiten weichen je nach der Persönlichkeitsstruktur des Kindes voneinander ab. Über den gemeinsamen Unterricht kann der Lehrer/die Lehrerin generelle Probleme, Konflikte und Lernschwierigkeiten aufgreifen, besprechen und gemeinsam mit den SchülerInnen bearbeiten. In diesem Unterricht ist der „freie Text", die bedürfnisorientierte Spracharbeit, genauso sinnvoll aufgehoben wie die Auseinandersetzung mit der Umwelt.

Auf der Grundlage von Eigentätigkeit und Selbstverantwortung kann so etwas wie Neugier, tastendes Versuchen, entdeckendes Lernen und die phantasievolle Ausgestaltung und Umsetzung von Erlebtem in der produktiven Auseinandersetzung mit den Arbeitsateliers stattfinden.

In allen und zu allem ist die Ausbildung des Sprachvermögens sinnvoll und notwendig. Die so erarbeiteten freien Texte gehen inhaltlich als Ausdruck von Gedanken und Erfahrungen wieder in den Unterricht ein. Diese Diskussion und kooperative sprachliche Reflexion hat dann nichts mehr mit einem aufgesetzten Schulbuchunterricht zu tun, sondern setzt sich aus den schülerorientierten Bedürfnissen nach Veröffentlichung und Verarbeitung der im Unterricht gemachten Erfahrungen zusammen.

Konkurrenz, Leistungsdruck und Angst können in einem an der Schülerpersönlichkeit orientierten Lernen und Arbeiten weitgehend vermieden oder zumindest erheblich reduziert werden.

Der Lehrer/die Lehrerin verliert seine/ihre Allmacht zu Gunsten der Kompetenz der SchülerInnen und ihrer Eigenverantwortung für die Produkte ihrer nichtentfremdeten Arbeit.

Schmutzige Hände sind neben dem Stolz über die hergestellten Drucksachen und dem Gefühl einer gesunden Erschöpfung das Kennzeichen der Lernarbeit in der Klassendruckerei.

© Verlag an der Ruhr, Postfach 102251, 45422 Mülheim an der Ruhr

... zum „Wir und unsere Schule"

1. Schul(e) – Programm – Entwicklung

Schulprogramm – ein neues Modewort? Der Begriff findet sich in etlichen neuen Schulgesetzen bzw. Gesetzentwürfen, z.B. in Bremen, Hamburg, Hessen. In Nordrhein-Westfalen arbeiten nach einem Erlass des Schulministeriums viele Schulen an ihrem Schulprogramm. Der Begriff „Schulprogramm" ist dabei so offen und flexibel, dass Vertreter sehr unterschiedlicher Positionen mit ihm argumentieren.

„Offensichtlich gehört der Begriff ‚Schulprogramm' schon ins Wörterbuch der Pedagogical Correctness. Das wäre schade. Denn der Begriff und die Sache ‚Schulprogramm' können Entwicklungen anstoßen, Veränderungen bewirken und Gestaltungsräume schaffen." **(Gerhard Eikenbusch)**

Ein Schulprogramm ist ein Werkzeug der Schulentwicklung, ein Arbeitsprogramm, in dem die einzelne Schule beschreibt, welche pädagogische Philosophie sie leitet, welche Schwerpunkte sie in Unterricht und Schulleben,

bel Kommunikation und Organisation festlegt und zu realisieren beabsichtigt. Die Schulprogrammentwicklung ist vor allem ein Verständigungs- und Kooperationsprozess zwischen allen, die gemeinsam Schule sind und machen, d.h. zwischen den Lehrerinnen und Lehrern, den Eltern, den Schülerinnen und Schülern.

Gelingt diese Kooperation und Verständigung nicht, entstehen bestenfalls illustrierte Broschüren, die mit der Realität der einzelnen Schule kaum mehr etwas zu tun haben. Wer kennt nicht Konferenzbeschlüsse, die mit großer Mehrheit gefasst werden und an die sich dennoch viele nicht halten?

Die Entwicklung eines Schulprogramms kann sich auf unterschiedliche Bereiche der Arbeit in der Schule beziehen. Der Unterricht als Kern der pädagogischen Arbeit sollte dabei allerdings im Mittelpunkt stehen.

„Der Motor der Entwicklung und Veränderung der Schule sind Schüler, Lehrer, Schulleitung und Eltern. Schulentwicklung gelingt nur, wenn sie und die Schule sich verändern. Oder: Schulentwicklung fängt bei den Menschen an und hört bei ihnen auf. Und die Einsicht, dass Schulentwicklung wichtig ist, kann man ihnen nicht verordnen." **(Gerhard Eikenbusch)**

1.1.
Elf kurze Rückblicke auf die Geschichte des Schul-Lebens

1 Das Phänomen „Schulleben" ist seit dem Mittelalter bereits bekannt. Die Tendenz, „Schulleben" durch „Belehrung" zurückzudrängen, besteht praktisch seit der Gründung von Schulen in Mitteleuropa, also seit dem ausgehenden Mittelalter.

2 **Pestalozzis** Vorbild für die Schulerziehung war die „Wohnstubenerziehung". Wie Gertrud in der Wohnstube mit den Kindern über die täglichen Bedürfnisse und Tätigkeiten spricht, so soll auch der Lehrer die Erfahrungen der Kinder zur Grundlage seines Unterrichts machen. Andernfalls diene Unterricht nur dem „Maulbrauchen" und erziehe dazu. „Lernen mit Kopf, Herz und Hand" ist die Devise.

3 **Friedrich Fröbel** hat ganz ähnliche Vorstellungen von Erziehung und Unterricht. In seiner „Menschenerziehung" (1826) verwendet er erstmals den Begriff „Schulleben". Die „Einigung des Familien- und Schullebens" ist die „ganz unerlässliche Forderung der Menschenerziehung". Kinder sollen sich Kenntnisse aneignen, die ihrem „eigenen Innern entkeimt" sind. Keinesfalls dürfe ihnen eine „große lastende Menge fremder Kenntnisse und Bildung" „aufgebürdet" oder „angeheftet" werden. Unterricht muss fußen auf den im Familien- und Schulleben gesammelten Erfahrungen. Viel Wert legt Fröbel auf die „Natur- und Außenweltbetrachtung und Beobachtung, ausgehend vom Nächsten und Nahen".

4 Der Obrigkeitsstaat allerdings unterdrückt Fröbels Forderungen. Nur das durfte in der Schule gelehrt werden, was „amtlich zur Befolgung" verordnet war und von der Obrigkeit „als dem Volke wahrhaft frommend" angesehen wurde. Die Folge war, dass sich Unterricht in der Form der strengen Belehrung durchsetzte. Diese auf „Belehrung von oben" zielende Unterrichtsstruktur ist von der Pädagogik Johann Friedrich Herbarts gestützt worden. Herbart begründete die „Belehrungsschule" und scheidet das „Schulleben" aus.

5 **C. G. Scheibert** greift in seiner „Bürgerschule", die im Revolutionsjahr 1848 erschien, den Gedanken des Schullebens wieder auf. Er begründet die Notwendigkeit des Schullebens aus dem „Gemeinsinn": „Der Gemeinsinn kann und soll nicht gepredigt, sondern kann nur angelebt werden." Scheibert unterscheidet drei Bausteine des Schullebens:

- Ein Schulleben, das sich an den „Unterrichtsgegenständen entwickelt", und das gegenseitige Hilfe und Unterstützung der SchülerInnen und ihre gemeinsame Anstrengung fordert und fördert.
- Ein Schulleben, das sich an den Unterrichtsgegenständen „entfaltet", wobei die SchülerInnen aus „freiem Entschluss" zusammenkommen und „freien Tätigkeiten" nachgehen.
- Schließlich ein Schulleben, das „selbstständig" neben dem Unterricht besteht, z.B. „Wochenandachten" und „Schulfeiern".

© Verlag an der Ruhr, Postfach 102251, 45422 Mülheim an der Ruhr

6 Seither ist der Begriff „Schulleben" aus der pädagogischen Literatur nicht mehr wegzudenken. Der Herbartianer Wilhelm Rein gibt den Herbart-SchülerInnen zu bedenken, dass Schule auch „Gelegenheit zum Handeln" geben müsse. „Veranstaltungen des Schullebens" wie Wanderungen, Werkstattarbeit, Schulandachten und -feiern seien notwendig, dienen aber nach Rein eher der „Ergänzung des Unterrichts", stehen also neben dem beibehaltenen Belehrungsunterricht und durchdringen ihn nicht.

7 Die Forderungen Pestalozzis, Fröbels und Scheiberts sind von der Schulreformbewegung des 20. Jahrhunderts wieder aufgegriffen worden. Sie fanden Eingang in die Grundschulkonzeption der ersten deutschen Republik in den 20er-Jahren und auch in die Grundschulpädagogik der beiden ersten Nachkriegsjahrzehnte. Hier wie dort bezog sich „Schulleben" auch auf die Umgestaltung des Unterrichts. Die für das ganze Reichsgebiet maßgebend gewordenen preußischen „Richtlinien für die Aufstellung von Lehrplänen für die Grundschule" (1921) formulierten: *Im gesamten Unterricht der Grundschule ist der Grundsatz zur Durchführung zu bringen, dass nicht Wissensstoff und Fertigkeiten bloß äußerlich angeeignet, sondern möglichst alles, was die Kinder lernen, von ihnen innerlich erlebt und selbsttätig erworben wird. Deshalb hat aller Unterricht die Beziehungen zur heimatlichen Umwelt sorgfältig zu pflegen".*

8 Die Idee, dass das „Schulleben" die Grundlage des Unterrichts bildet, wurde von **Peter Petersen** im „Jena-Plan" umfassend entfaltet und in seiner „Lebensgemeinschaftsschule" in Jena verwirklicht. *„Der Umbruch zur neuen Schule kann nur kommen, wenn wir ernst machen mit dem Umbruch des Schullebens, d.h. des Zusammenlebens von Lehrern und Schülern und Schülern und Schülern, und in alles hineinbezogen die Eltern. Dazu aber nötigt die Einsicht in das, was Erziehung wirklich ist und was damit als Erziehungsziel auch für die Schule gelten muss."* Petersen verwirklichte mitmenschliche Formen des Miteinanderumgehens, Feiern als rhythmisierende Momente des Wochen- und Jahresablaufs, Spielnachmittage, Unterricht in Gruppen und eine Klassenraumgestaltung, die Pestalozzis Idee der „Schulwohnstube" zu einer „wohnlichen Werkstatt" weiterführte.

9 Weniger systematisch, aber nicht weniger eindringlich hat der von den Nationalsozialisten als Widerstandskämpfer ermordete Pädagoge **Adolf Reichwein** zur Theorie und Praxis des Schullebens beigetragen. Seine Schrift „Schaffendes Schulvolk" ist ein Dokument für die Begründung und Gestaltung von Schulleben. In der von ihm angestrebten „Schule der Tat", die schon Diesterweg forderte, wollte Reichwein dem Wort einen neuen Platz und eine neue Begründung geben: *„Der alte Gegensatz von Wort- oder Tatschule ist in uns aufgehoben. Die tägliche Tat entscheidet über unser Gelingen, und das Wort gehört zu ihr. Unsere Kinder selbst, aus dem Stoffe ihrer Zeit geformt, sind ungläubig gegenüber dem unbezeugten Wort, am ersten in der Schule. Sie sehen auf das Vorbild und das Vortun des Erziehers und glauben – zu unserem Glück – nur solchen Worten, die von dorther ihr Mandat bekommen."* Mit gemeinsamen Vorhaben, Wanderungen, Reisen, Spielen und Feiern versuchte Reichwein, das dialektische Verhältnis von Wort und Tat praktisch zu verwirklichen.

© Verlag an der Ruhr, Postfach 102251, 45422 Mülheim an der Ruhr

10 In der Vergangenheit ist hier und da aus dem Blick geraten, dass auch das Zusammenleben und -lernen in der Schule eine pädagogische Aufgabe ist, die bewusster Gestaltung bedarf. Selbst das Kind im Grundschulalter war zum „Lerner" geworden: Lernen als eine „Form von Verhaltensänderung" sollte „optimal" und das heißt „lehrzielorientiert" organisiert werden. Lerngegenstände und ihre Bedeutung wurden durch die „Logik der Fachwissenschaften" diktiert.

Mit der Rückbesinnung auf reformpädagogische Traditionen nahmen die Bemühungen zu, Verfachlichung und Verödung des Lernens zu verhindern und damit Schule als bloße Lernanstalt zu überwinden.

Diese Bemühungen der LehrerInnen haben in den nordrhein-westfälischen Grundschulrichtlinien einen prägnanten Ausdruck gefunden.

11 Im Überarbeitungsprozess der Richtlinien wurde das Schulleben zu einem zentralen Kapitel. Mit der Betonung von erziehendem Unterricht und Schulleben geben die Richtlinien eine pädagogische Antwort auf die neuen Herausforderungen unserer Zeit; angesichts der Mediatisierung von Erfahrungen, des Verlustes an Eigentätigkeit und der eingeschränkten Kommunikationsmöglichkeiten Schule so zu gestalten, dass sie vielfältige Erfahrungen ermöglicht, Selbsttätigkeit erfordert und den mitmenschlichen Umgang pflegt.

1.2.
Klassen-Arbeit und Schul-Leben – Kleinigkeiten bestimmen den Schulalltag

Kennen Sie das? Unfreundliche Schulgebäude, in denen kahle Treppenhäuser und Flure Hasten und Rempeln herausfordern. „Ej" und „Hi!" als die einzigen Grußformeln – wenn überhaupt. Umgeworfene Stühle, Papier auf dem Fußboden, Müll neben dem Papierkorb, beschmierte Tische, kahle Wände und Fenster. Sanktionen ohne Erfolg. Ein manchmal recht chaotisches Neben- statt Mit-einander von Kindern, Jugendlichen und Erwachsenen – SchülerInnen und LehrerInnen. Überzeichnet? Ein Zerrbild von Schulwirklichkeit? Vielleicht. Aber mit Sicherheit zumindest doch Mosaiksteinchen einer noch immer existierenden Unwirklichkeit des Schulalltags heute.

Rainer Winkel hat zu Recht festgestellt: *„Die Kultivierung von Bildung, die Ermöglichung von Erziehung und das Lernen in der Schule wird unter dem Druck einer Pauk-, Drill- und Sparringspartner-Pädagogik ebenso verunmöglicht wie unter dem Deckmantel einer Erleichterungs-, Spontaneitäts- und Styropor-Erziehung: Ohne Anstrengung geht es nicht, zum Nulltarif sind Wissen und Bildung nicht zu haben."*[1]

---

1) Winkel, Rainer, in: „Die Deutsche Schule", Heft 3/1986, S. 271 f.

© Verlag an der Ruhr, Postfach 102251, 45422 Mülheim an der Ruhr

Andererseits gilt aber auch:
Nur Last beim Lernen schafft „keine
Lust, eher Dauerfrust und Rebellion!"

„Die Schule muss offen sein für
die sie umgebende Welt, Gemeinde,
Wirklichkeit ... Aber die Schule darf
sich andererseits auch nicht ausliefern
an die Gesellschaft, ihre Moden und
die Trivialität der Medien". [1]

Schule und Unterricht müssen
also Erfahrungen und Bedürfnisse
von SchülerInnen aufnehmen, daran
anknüpfen, andererseits aber auch
Frei-Räume bieten für neue, unbekannte,
andere Erfahrungen. Der ehemalige
Hamburger Schulsenator **Joist Grolle**
hat das so formuliert:

„Diese doppelte Funktion einer
‚Anpassung an' und eines ‚Widerstands
gegenüber' macht die pädagogische
Legitimation von Schule aus." [2]

Dies alles festzustellen bedeutet, der
bewussten pädagogischen Gestaltung
des Schullebens das Wort zu reden.

Die Lehrerinnen und Lehrer

Die an einer Schule zusammen-
arbeitenden KollegInnen müssen wissen,
dass ihre Zusammenarbeit der erste
und grundlegende Schritt ist für ein
solches Vorhaben. Wenn LehrerInnen
anfangen zu kooperieren, dann kommt
auch Kooperation mit SchülerInnen
und Eltern voran. „Kommunikation
und Kooperation im Kollegium, die
sich ausweisen durch Offenheit, wechsel-
seitige Ermutigung und kleine gemeinsame Schritte in die gleiche Richtung
– das sind die entscheidenden Wetter-
faktoren, die ein positives Schulleben
in einem guten Klima wachsen
und sich entfalten lassen." [3]

1) Zit. nach Winkel, a.a.O.
2) Zit. nach Winkel, a.a.O.
3) Bielefeld, Heinz/Emundts, Martin:
   Hauptschule unterwegs.
   Agentur Dieck, Heinsberg 1984, S. 12.

Mittlerweile ist es unumstritten, dass LehrerInnen nicht nur Fachleute für Unterricht sein dürfen, sondern dass sie gleichzeitig ErzieherInnen sein müssen. Rainer Winkel prägte den Begriff des *„Antinomie-Lehrers"*, *„weil er Widersprüche und Spannungen zu integrieren vermag. Weil er nicht das eine oder das andere tut, sondern beides zugleich. Weil er so viel Offenheit wie möglich herstellt. Weil er die Nähe zu den Schülern sucht und dennoch eine gewisse Distanz wahrt. Der Unterricht dieser Kollegen ist freundlich und anregend, da wird gelernt und gelacht, gespielt und gearbeitet."* [1]

Die Schülerinnen und Schüler

Schule zum „Erfahrungsraum" zu machen bedeutet, SchülerInnen konkrete Verantwortung zu geben, sie demokratische Spielregeln praktisch lernen zu lassen. Ordnung im Schulalltag ist unerlässlich, wenn gemeinsame Ziele erreicht werden sollen. Ordnung gibt SchülerInnen auch Sicherheit und Orientierung. Maßnahmen zur Aufrechterhaltung einer Ordnung sind wohl aber nur dann pädagogisch sinnvoll, wenn sie ein lebendiges Schulleben nicht unterdrücken, sondern unterstützen.

Durch *Gespräch und Mitbestimmung* setzen sich SchülerInnen selbst Regeln und vereinbaren Konsequenzen bei Nichteinhaltung.

LehrerInnen verwirklichen *Offenheit und Durchschaubarkeit,* indem sie sagen, warum sie bestimmte Ordnungen brauchen und bestimmte Regelverstöße nicht ertragen können.

Hartmut von Hentig fasste die sich aus dem Gesagten ergebenden Konsequenzen mit seinen berühmten „drei R" zusammen:

Regeln – Routine – Reviere

„Wenige, aber feste Ordnungen in das amorphe Lebensfeld der Kinder einziehen – Ordnungen, an denen sie sich orientieren und von denen aus sie ihre Freiheit wagen können; dazu gehört, Regeln finden lassen, nach denen alle Mitglieder der Gemeinschaft handeln, so dass man sich darauf verlassen kann; Routine, ja Rituale einführen, die einen davon entlasten, die Welt ständig durch eigene moralische Entscheidung neu zu ordnen; Reviere bilden, die die Verantwortung der Kinder auf etwas Bestimmtes begrenzen, so dass sie sie im Ernst und nicht nur zum Schein wahrnehmen lernen; und zu diesen drei R hinzu: Vorbild sein, als Erwachsener selber tun, was man getan sehen will ..." [2]

Der Unterricht

Im Unterricht geht es darum, SchülerInnen durch Einbeziehung in Planung, Organisation und Gestaltung zur Mitarbeit zu gewinnen. Lernen gegen den Willen der SchülerInnen ist nicht möglich. Machen wir also das Lernen zum Ziel der SchülerInnen selbst!

Projektunterricht, innere Differenzierung und Freie Arbeit sind Grundpfeiler eines pädagogischen Programms,

---

1) Zit. nach: „Die Zeit" vom 24.2.1984
2) Hentig, Hartmut von:
   Was ist eine humane Schule?
   München – Wien 1983, S. 122.

© Verlag an der Ruhr, Postfach 102251, 45422 Mülheim an der Ruhr

das SchülerInnen aktiviert, ihre Interessen und ihr Bedürfnis nach eigener Aktivität berücksichtigt.

Selbsttätigkeit gibt ihnen Selbstständigkeit und Verantwortung:

- So können sie beispielsweise in Mathematik oder im Rechtschreibunterricht mit Aufgaben- und Arbeitskarteien ihre Übungseinheiten selbst wählen, bearbeiten und kontrollieren. Der Lehrer/die Lehrerin kann sich so um einzelne SchülerInnen kümmern. SchülerInnen können auch an der Herstellung solcher Übungskarteien selbst beteiligt werden.
- Zwei oder drei SchülerInnen können gemeinsam eine Unterrichtsstunde planen und gestalten. Projekte geben SchülerInnen vielfältige Möglichkeiten, Inhalt, Weg und Produkt ihres Lernprozesses selbst zu bestimmen.
- Immer lässt der Stundenplan Freiräume für Stunden völlig freier Arbeit. Der Lehrer/die Lehrerin bietet dann nur Arbeits- und Betätigungsmöglichkeiten an und achtet darauf, dass jeder Schüler/jede Schülerin seiner/ihren eigenen Arbeitsplan erstellt und verwirklicht.

Der Klassenraum

Nicht nur Schulflure und Pausenhof – auch die Klassenräume sind Spiegelbild des Schullebens. Im Klassenzimmer verbringen LehrerInnen und SchülerInnen einen großen Teil ihrer Zeit, es kann deshalb nicht gleichgültig sein, wie es gestaltet ist:

- Pflanzen machen den Raum freundlicher;
- Tiere lassen Kinder Verantwortung übernehmen;

- die Klassenbibliothek macht den Umgang mit Büchern zur Selbstverständlichkeit;
- eine Leseecke ist Ruhezone und „Kommunikationszentrum";
- Klassenfotos, Geburtstagskalender, Ämterlisten, Wandzeitungen über Vorhaben, Erlebnisse und Erfahrungen tragen zur persönlichen Atmosphäre des Raums bei;
- Pinnwände (z.B. Dämmplatten) machen Bild- und Arbeitsmaterial für den aktuellen „Stoff" zugänglich;
- Arbeiten von SchülerInnen werden im Klassenraum (und im Foyer, in der Pausenhalle, in der Cafeteria) ausgestellt;
- ein Klassentagebuch hält die „Geschichte" der Klasse fest.

Das alles ist nichts Neues. Es sind außerdem nur Kleinigkeiten. Aber die bewirken weit mehr als „oberlehrerhafte Appelle" an die „Moral" der SchülerInnen oder Sanktionen. Und wenn man SchülerInnen „lässt", entstehen gemütliche, lebendige, fröhliche Klassenräume, in denen man sich am liebsten „immer" aufhalten würde. Sicher stellt sich dann das Problem, ob die Pausen in der Klasse verbracht werden können ...

Die Eltern

Andere Klassenräume, ein vielfältiges Schulleben, Feste und Feiern, Projekte und Fahrten führen zwangsläufig zur aktiven Mitgestaltung von Eltern. Eltern setzen sich gern für „ihre" Schule ein: Sie helfen im Unterricht, bei der Herstellung von didaktischem Material, bei der Organisation von Festen und Feiern. So kann eine wirkliche „Schulgemeinde" entstehen, in der SchülerInnen, LehrerInnen und Eltern zusammen arbeiten und feiern.

© Verlag an der Ruhr, Postfach 102251, 45422 Mülheim an der Ruhr

Schule ist mehr als Unterricht

Viel zu oft noch wird – unter LehrerInnen und in der Öffentlichkeit – Schule als Unterrichts- und Lehranstalt missverstanden. *„Schule ist mehr als Unterricht"* hat **Willi Fährmann** sein Buch betitelt, das *„an der Praxis orientiert"* anregt, *„Schulen schüler-freundlicher"* zu machen. [1]

Michael Rutter stellt in seiner berühmten Studie „Fünfzehntausend Stunden" als Grundmerkmal einer „guten Schule" heraus, dass sie ein „Ethos" haben müsse, eine Übereinkunft darüber, welche Wertorientierungen und Normen verbindlich sind, und inwieweit sie von SchülerInnen akzeptiert werden. Ein Schul-Ethos kann sehr unterschiedlich akzentuiert sein. Ich glaube, dass Klaus-Jürgen Tillmanns These richtig ist und Richtschnur pädagogischen Handelns sein sollte:

„In Schulen mit einem schüler-orientierten Ethos zeigen Schüler deutlich weniger Schulverdrossenheit." [2]

---

1) Fährmann, Willi:
   Schule ist mehr als Unterricht.
   Echter Verlag, Würzburg 1978.
2) Tillmann, Klaus-Jürgen:
   „Es gibt Lehrer, die einen vor der ganzen Klasse blamieren",
   in: Westermanns Pädagogische Beiträge, Heft 12/1983, S. 607.

Schulprogramm Werkzeugkasten

Die grafischen Elemente nach Bedarf vergrößern (Kopierer). Dann alle Ergebnisse an Pinnwände oder auf große **Plakate** kleben. So sehen alle, wie das eigene Schulprogramm wächst. Und: Die „Evaluation" ist von Anfang an „eingebaut" – mit der Kontrolle der Aufgaben-Waben!

Bausteine

sammeln und an die Wand heften. Das ergibt den gemeinsamen Bestand, der allen wichtig ist. Aus den **Wunsch- und Ideen-Sternen** können neue Bausteine des Schulprogramms entstehen.

Stolper-Steine

Was hemmt uns auf dem Weg zu unserem „Haus des Lernens"? Probleme sind wie Stolpersteine. Wenn sie gefunden sind, können wir sie aus dem Weg räumen. Mit den **Waben** können wir festlegen, wer dabei was tun kann.

Wunsch- und Ideen-Sterne

Wohl jede oder jeder hat Wünsche und Ideen, wie „ihre" oder „seine" Schule sein sollte. Auf den Sternen sammeln wir die Ideen und Wünsche, so entsteht ein Sternenhimmel an der Pinnwand. Dann kann jede/r drei rote Punkte vergeben: für die Sterne, die ihm oder ihr am wichtigsten sind. Die Wünsche und Ideen, die am häufigsten genannt werden, „fallen als Sternschnuppen auf die Erde" und werden **Bausteine**.

Aufgaben-Waben

Ob alte oder neue **Bausteine**: Wenn wir wissen, was wir wollen, finden wir heraus, wer was tun kann und wer und helfen kann. Vieles ist zu tun. Die Arbeit muss verteilt werden. In jede Wabe wird eine konkrete Aufgabe geschrieben und (mindestens) ein Name. Zu vielen **Bausteinen** gibt es dann eine entsprechende **Wabe**.

1.3.
Eine Schule profiliert sich

Gestaltetes Schulleben macht Schule zum Lebensort

Nur allzu oft noch ist der Schulalltag grau. Lehrerinnen und Lehrer klagen: Zu viele SchülerInnen sind desinteressiert, unlustig, oft unfähig, sich zu konzentrieren. Immer mehr SchülerInnen sind kaum noch zu stetiger, ausdauernder Arbeit zu bewegen. Viele raufen und prügeln sich immer wieder herum. Aktentaschen, Bücher, Kleidungsstücke, Fahrräder und Schulmöbel werden beschädigt oder zerstört. Toiletten sind manchmal derart verdreckt, dass die weitere Benutzung nicht möglich ist und die Putzfrauen sich vor der Reinigung ekeln. Natürlich ist Schule nicht nur so. Aber sie ist immer noch auch so! Es sei die Behauptung gewagt: In einer Schule, in der sich SchülerInnen wohlfühlen, würden sie sich anders benehmen!

Gleich zu Beginn soll festgehalten werden:
❶ Schule muss mehr sein als Unterricht!
❷ Unterricht muss anders werden – gerade heute!

Immer noch ist die Frage wichtig, *was* SchülerInnen lernen sollen. Aber ebenso wichtig sind die Fragen:

• *wie* lernen SchülerInnen und
• *in welcher Umgebung* lernen sie?

Mit Freiarbeit erfolgreich in der Sek. I

„Schulleben" gibt es einfach – sei es als bewusstes pädagogisches Konzept, sei es als quasi „heimlicher Lehrplan". Schulleben ereignet sich sowohl im Unterricht als auch in außerunterrichtlichen Situationen. Mitgeprägt wird es durch Elternhäuser, Freizeitverhalten, Massenmedien usw. Es gilt für jede Art von Schule: *Schule ist ein Stück Lebenswirklichkeit von Kindern und Jugendlichen, aber auch von Erwachsenen, die in ihr tätig sind.* Die Konsequenz aus dieser banalen Feststellung kann doch nur sein: Dieses Stück Lebenswirklichkeit zu gestalten, und zwar so, dass es „humaner" wird (oder schrauben wir den Anspruch ruhig herunter: „angenehmer", „sinnvoller", „lebendiger", ...). Dieses Ziel erfüllt sich weniger durch große Programme als vielmehr in vielen kleinen Schritten, in ganz konkreten Kleinigkeiten.

Schulleben als pädagogisches Konzept

„Der ‚Lebensort: Schule' soll sich als Form sozialer Erziehung im Rahmen pädagogischer Situationen und im Hinblick auf allgemeine humane Werte gestalten. Innerhalb des Unterrichts und in außerunterrichtlichen Situationen soll Schulleben Möglichkeiten für soziales Handeln bieten und entsprechende Wertvorstellungen, Handlungs- und Orientierungsmuster vermitteln, so dass die Schüler über die Schule hinaus zu Kommunikations- und Handlungskompetenz befähigt werden." [1]

1) Reinert, Gerd-Bodo/Heyder, Sabine: Lebensort: Schule. Weinheim und Basel 1983 (Beltz-Verlag), S. 28.
2) Scheel, Barbara: Offener Unterricht. Weinheim und Basel 1978 (Beltz-Verlag), Vorwort.

- „Wenn Schule Räume öffnen will für bereichernde soziale Erfahrungen, für ‚intellektuelle Abenteuer',
- wenn Unterricht Lern-Freude bereiten will, SchülerInnen sich Elemente der Realität auf Grundlage eigener Erfahrung erschließen sollen,
- dann muss sich die Schule öffnen
  - für praktisches Handeln und konkrete Aktion,
  - für außerschulische Lern- und Wirkungsfelder,
  - für gestaltende, verändernde, selber machende Kinder ..." [2].

Elemente eines Schulprogramms

Ein gemäß diesen Leitlinien in der konkreten pädagogischen Arbeit sich entfaltendes Schulleben, das Schule zum Lebens- und Erfahrungsraum für SchülerInnen werden lässt, berücksichtigt folgende Elemente:

Tat-Sachen

Der Unterricht bricht mit dem formalisierten Umgang mit den Lernenden und den Lerninhalten. Mehr Lebensnähe bedeutet, aus „Lern-Sachen" „Tat-Sachen" zu machen: Schülerinnen und Schülern Erfahrungsmöglichkeiten zu geben, die den ganzen Menschen beim Lernen ansprechen mit seinem jeweils verschiedenen Zugang zu den Gegenständen des Lernens.

„Projekt- und Produktorientierung", „forschendes Lernen", „schülerzentrierter Unterricht" sind die Stichworte für eine Veränderung des Unterrichts in diesem Sinn. Unterricht verliert also seinen Charakter als „unterrichtet werden", er wird für SchülerInnen als Handlungsraum erlebbar. Die Erfahrungen der SchülerInnen in ihrem Milieu,

© Verlag an der Ruhr, Postfach 102251, 45422 Mülheim an der Ruhr

in der jugendlichen Subkultur werden zur Sprache gebracht, damit sie ihre Gefühle, Einstellungen, Verhaltensweisen und Bedürfnisse abklären, überprüfen und entwickeln können.

Lern-Umgebung
Ein so orientierter Unterricht braucht einen Klassenraum, der Raum zum Lernen gibt: eine wohnliche Werkstatt. **Hanne Mayer-Behrens** bezeichnete den *„Klassenraum als Zentralraum der Schulreform"* [1].

Und so ist es:
Kahle Wände, fehlendes anregendes Lernmaterial, keine Pflanzen, Bücher, ... lassen Freude am Lernen nicht aufkommen, sondern ermöglichen lediglich die „Buch- und Wortschule".

Eigen-Sinn
Schule kann und muss Räume geben für die eigenständige, selbstverantwortete Aktivität der SchülerInnen, z.B.
• in einer Schülerbibliothek oder einem Selbstlernzentrum,
• in einer Medio- und Spielothek,
• durch freie und angeleitete Bewegungsangebote auf Spiel- und Sportflächen,
• durch Ausstellungen in Vitrinen, Schaukästen und Gestaltung der Wände durch Friese und Wandzeitungen,
• durch Lernangebote in den Klassenräumen.

1) Hanne Mayer-Behrens, Hanne: Grundschule – Haus für Kinder. Heinsberg 1987
2) Münch, Paul Georg: Freude ist alles. Leipzig 1922, S. 15.

Frei-Zeiten
Freizeitzonen und -zeiten können planmäßig in den Schul- und Unterrichtsalltag eingebaut werden. Die „aktive Pause" darf keine Theorie bleiben, auch der „gleitende Unterrichtsbeginn" nicht.

Entdeckungs-Reisen
„Schüler sind immer um so weniger tätig, je autori-tätiger der Lehrer ist" [2], schrieb einst **Paul Georg Münch**.

Wenn sich Schule und Unterricht öffnen, werden Erkundungen, Lerngänge, Ausflüge und Exkursionen zu festen Bestandteilen des Schullebens.

Schule wird mit anderen Lernorten verbunden,
• durch aktivere Kontaktformen mit den Elternhäusern und durch Einbeziehung der Eltern in die Unterrichtsarbeit,
• durch Wandertage, Wochenendseminare und Klassenfahrten,
• durch Kontakte und Besuche in Theater, Bücherei, Museum,
• durch Betriebserkundungen und Besuche von Institutionen.

Kleine Schritte zu Beginn
Es ist eine immer wieder gehörte Erfahrung, dass die kleinen Schritte am Anfang nahezu „im Selbstlauf" weitere Schritte nach sich ziehen. Für den „Einstieg" in ein „Schulprogramm", die bewusste pädagogische Gestaltung des Schullebens, sollte eine Bestandsaufnahme der – oft verstreuten – Bausteine gehören, die es an jeder Schule schon gibt. Diese Bausteine aufeinander zu stapeln und zusammenzubauen ist dann die gemeinsame Arbeit aller am Schulleben Beteiligten.

© Verlag an der Ruhr, Postfach 10251, 45422 Mülheim an der Ruhr

Mit Freiarbeit erfolgreich in der Sek. I

Ein paar Merkposten als Anregung für den Beginn:

❶ Lassen Sie die SchülerInnen den Klassenraum ausgestalten, schrecken sie nicht vor „ungewöhnlichen" Gestaltungselementen (Polsterecke, Tiere, Teppich) zurück.

❷ Planen Sie so oft wie möglich die Selbsttätigkeit der SchülerInnen in den Unterricht ein.

❸ Bauen Sie den Unterricht auf Erfahrungen und Beobachtungen der SchülerInnen, geben Sie ihnen Raum, Antworten auf ihre eigenen aktuellen Fragen zu finden.

❹ Geben Sie Gruppen von SchülerInnen so oft wie möglich Erkundungsaufgaben und „Forschungsaufträge".

❺ Planen und organisieren Sie Ausflüge und Klassenfahrten gemeinsam mit den SchülerInnen und werten Sie sie im Unterricht aus.

❻ Haben Sie den Mut, mit Ihrer Klasse zu singen, zu musizieren, Theater zu spielen.

❼ Geben Sie den SchülerInnen das Wort: Veranstaltungen, Ausstellungen, Zeitungen, Broschüren können Arbeitsergebnissen öffentliche Beachtung verleihen, der Schularbeit Sinn geben.

❽ Gestalten Sie Elternabende und stellen Sie Unterrichtsergebnisse in vielfältigen Formen vor.

❾ Haben Sie öfter etwas vor: Planen und organisieren Sie mit Ihren SchülerInnen „Vorhaben": ein Aquarium/Terrarium anlegen, Pflanzen und Tiere beobachten, eine Wandzeitung/Ausstellung gestalten usw.

❿ Lassen Sie die „Urformen der Bildung" (Ph. Hördt) zur Wirkung kommen: Gespräch, Spiel, Arbeit und Feier.

Lehrerinnen und Lehrern allein übrigens kann man die Aufgabe, Unterricht und Erziehung zu verbinden, Schulleben zu entwickeln, nicht überlassen. Dazu bedarf es organisatorischer, finanzieller und curricularer Bedingungen, die politisch geschaffen werden müssen.

Pädagogische Kultur

Schulleben muss mehr sein als *„die Marmelade auf dem Graubrot des Schulalltags"*.
Schulleben ist ein Teil der „pädagogischen Kultur".

Dieser Begriff ist so etwas wie ein „Kampfbegriff", besteht er doch auf dem Zusammenhang von „Schulkultur" und „Schulstruktur".

Das meint:
„Innere Schulreform" erfordert die „Äußere Schulreform", die Reform der äußeren Strukturen von Schule andererseits braucht die Pädagogisierung des Schulalltags.
Dieser „Dialektik der Schulreform" sind wir verpflichtet.

Peter Fauser hat diesen Zusammenhang in einem lesenswerten Beitrag auf den Punkt gebracht.
Wir zitieren zum Abschluss:

© Verlag an der Ruhr, Postfach 102251, 45422 Mülheim an der Ruhr

„Tatsächlich erstreben nach wie vor immer mehr SchülerInnen immer höhere Schulabschlüsse. Die Folge ist ein ‚heimlicher Umbau der Sekundarstufe‘ (Klemm u. Rolff 1988); ‚heimlich‘, weil politisch nicht gewollt und deshalb auch geleugnet. Zu Recht erinnern solche Überlegungen an strukturelle Fragen der Schulreform, die seit den 60er- und 70er-Jahren bildungspolitisch mehr und mehr an den Rand gedrängt worden sind. Diese Erinnerung ist notwendig; denn die ‚freundliche Schule‘, das ‚bekömmliche Schulklima‘, das ‚bunte Schulleben‘ sind kein Ersatz für strukturelle und curriculare Reformen. Sie sind kein Ersatz für eine Veränderung der Fächerstruktur und der Abschlussprofile, für eine Lösung des Kanonproblems und die Anerkennung beruflich-praktischer Bildung (besonders in der gymnasialen Oberstufe), für die regionale Gleichwertigkeit des Bildungsangebotes, für die Integration von Minderheiten, die Reform des schulischen Leistungsbegriffs und des Berechtigungswesens.

Man muss vor der Illusion warnen, die Schule könne durch eine Art von sanfter Entschulung des Lernens, allein von ‚unten‘ oder ‚innen‘, reformiert werden.

Die pädagogische Kultur einer Schule – ihre praktische Qualität, ihre Zuträglichkeit für das Leben und Lernen von Kindern und Jugendlichen, ihre Zuträglichkeit auch für die Arbeitsbedingungen von LehrerInnen, zeigt sich zwar im Schulleben und in dem, was die Schule über den Unterricht hinaus bietet – das soll nicht bezweifelt werden. Der Begriff ‚pädagogische Kultur‘ soll hier indessen als schultheoretische Kategorie verstanden und auf die Schule als ganze bezogen werden. Dieses Ziel wäre von vornherein verfehlt, wenn die pädagogische Kultur der Schule mit dem ‚Schulleben‘ gleichgesetzt würde. ‚Pädagogische Kultur‘ ist kein Sammelbegriff für Zutaten und Extras, die das Graubrot des Unterrichtsalltags ein wenig schmackhafter machen sollen. Allzu leicht wird sonst Schulkultur im pädagogischen Denken von der Schulstruktur abgespalten.

Der Begriff der pädagogischen Kultur wendet sich gerade gegen eine solche Spaltung des pädagogischen Blicks entsprechend einer institutionellen Aufspaltung der Schule in womöglich isolierte Funktionsbereiche und Zuständigkeiten für Inhaltliches, Soziales oder Individuelles: LehrerInnen unterrichten, SozialpädagogInnen kümmern sich um das Schulleben, PsychologInnen um individuelle Lernstörungen.

Der Begriff der pädagogischen Kultur will hervorheben, dass Schule mehr ist als eine anstaltsförmige Bündelung oder Addition voneinander unabhängiger Funktionen und Angebote. Solche Funktionen werden vielmehr als Aspekt eines praktischen Gesamtzusammenhangs und seiner rationalen Qualität betrachtet. Dieser Zusammenhang ist es, der die pädagogische Kultur einer Schule ausmacht und den Kontext bildet, in dem einzelne Funktionen und Aspekte ihren Sinn erst gewinnen."[1]

---

1) Fauser, Peter: Nachdenken über pädagogische Kultur, in: „Die Deutsche Schule", Heft 1/1989, Juventa Verlag, Weinheim 1989, S. 5–25, hier: S. 6/7

Mit Freiarbeit erfolgreich in der Sek. I

© Verlag an der Ruhr, Postfach 102251, 45422 Mülheim an der Ruhr

Intensität statt straffer Flüchtigkeit

Horst Rumpf über „Schulleben"

Am weitesten von allen denkbaren Möglichkeiten entfernt – eine Schule, deren Selbstdarstellung etwa folgendermaßen lautete:

„Wir wollen eine Schule machen, in der wir den Zeitkrankheiten der Hetze, der schnellen Erledigung von zusammenhanglosen Lehrstoffen, dem verrückten Isolieren des Lernens auf den Kopf allein, der fragwürdigen Abtrennung vom Leben, dem wirklichen und ernsthaften Handeln – in der wir diese Zeitkrankheiten nicht erledigen wollen.

Wir brauchen dazu Lehrer und Eltern, die bereit sind, auf Intensität des Lernens und Lehrens zu setzen – statt auf das, was der verstorbene Pädagoge Martin Wagenschein straffe Flüchtigkeit nannte. Wir wollen das Gespräch mit den Eltern, die offene Schultür, die Hilfe, die Beratung, die Kritik von Eltern. Wir wollen Handlungsspielräume. Wir sind kein Finanzamt, sondern eine Stätte kulturellen Lebens. Wir wollen das auch den politisch Mächtigen, die sich nur eine homogen durchbürokratisierte Schule vorstellen zu können scheinen, vor Augen halten und vor allem: Wir wollen diese Idee durchsetzen!" [1]

Das wäre eine Schule, die ihr Profil bezöge aus pädagogischer Lebendigkeit.

---

1) Rumpf, Horst:
   „Schulen wie Finanzämter?",
   in: „Pädagogik", Heft 11/1988,
   Beltz-Verlag Weinheim und Basel,
   S. 8–10, hier S. 10

2. Schule der Zukunft: „Ein Ort, an dem ich gebraucht werde"

Im Herbst 1995 wurde die Denkschrift *„Zukunft der Bildung – Schule der Zukunft"* veröffentlicht. Der damalige nordrhein-westfälische Ministerpräsident **Johannes Rau** hatte eine Kommission eingesetzt, die dieses Dokument in dreijähriger Arbeit verfasste.

Die Schule von heute, in der Kinder und Jugendliche das Leben in der Welt von morgen lernen sollen, diese Schule darf nicht von gestern sein. Für die Debatte darüber bietet die Denkschrift nach wie vor viel Diskussions- und auch Zündstoff. Und: Das 350-Seiten-Werk liefert Argumente und Vorschläge für die Gestaltung einer pädagogischen Schule der Zukunft.

Das Kernstück des Textes: Vor dem Hintergrund der „Zeit-signaturen" – die Welt der schnellen und allzu vielen Bilder, die wachsende Arbeitslosigkeit und soziale Ungerechtig-keit, die ökologischen Bedrohungen, die Herrschaft der Ökonomie, die multikulturelle Gesellschaft – wird die Schule der Zukunft als einladendes „Haus des Lernens" entworfen.

© Verlag an der Ruhr, Postfach 102251, 45422 Mülheim an der Ruhr

Schule soll ein Ort sein,
- „an dem Zeit gegeben wird zum Wachsen, gegenseitige Rücksichtnahme und Respekt voreinander gepflegt werden",
- „ein Ort, an dem alle willkommen sind, die Lehrenden wie die Lernenden in ihrer Individualität angenommen werden",
- „ein Ort, an dem Umwege und Fehler erlaubt sind und Bewertungen hilfreiche Orientierungen geben".

Wenn prägende „Zeitsignaturen" Bedrohungen und Gefahren beinhalten, dann muss Schule ihre „Marktlücke" konsequent nutzen.
Hartmut von Hentig formuliert es so:

„Wenn ‚Beherrschung' der Verhältnisse und Entwicklungen das Ziel einer heutigen Erziehung des Menschengeschlechts ist, dann sollte die Schule ihre natürlichen Gegebenheiten nutzen und bejahen dürfen, dass sie kleiner ist als die jeweilige Gesellschaft, langsamer und individueller vorgeht und der mörderischen Ökonomie der größeren Stückzahl und der kürzeren Produktionszeit nicht unterworfen ist." [1]

„Bescheidung, Verkleinerung, Verlangsamung, Verselbstständigung zur Erhaltung und Verbesserung unserer Welt" [2] sind Kernaufgaben pädagogischer Arbeit in einem „Haus des Lernens".
Das bedeutet, eine Schule zu gestalten, die der Hetze, der oberflächlichen Erledigung zusammenhangloser Lehrstoffe, der Isolierung des Lernens auf den „Kopf", der Trennung des Lernens vom wirklichen, gelebten Leben, vom wirklichen und ernsthaften Handeln nicht erliegt. Es geht um die Authentizität und Intensität des Lernens und Lehrens, und eben nicht (mehr) um das, was Martin Wagenschein „straffe Flüchtigkeit" nannte.

Hartmut von Hentig benennt eine Hand voll „Grund-Sätze", die von den Anfängen der Pädagogik an gleich geblieben sind, und die zwar pädagogische Sonntagsreden bestimmen, aber immer noch nicht das Zentrum des durchschnittlichen pädagogischen Alltags sind:

- „Verstehen ist für die Aneignung von Erkenntnis wichtiger als Wissen.

- Lernen wird durch Zwang nicht gefördert.

- Lernen gelingt besser im Zusammenhang der Dinge.

- Wo mit Interesse gelernt wird, ist der Zeitverlust (das heißt: der Schüler verweilt länger bei der Sache als geplant) ein Zeitgewinn.

- Vorbild und Mitmachen bewirken mehr als Belehrung." [3]

Gerade heute, in unseren „modernen Zeiten", muss es in der Schule darum gehen, Kindern und Heranwachsenden so viel wie möglich „Wirklichkeit aus erster Hand" zu geben, unmittelbare, unvermittelte (nicht „mediatisierte") Erfahrung also. Nur so können SchülerInnen überhaupt erst vergleichen, welche Art und welchen Grad von Befriedigung das eine wie das andere zulässt.

---

1) Hentig, Hartmut von: Die Schule neu denken, München 1993, S. 73
2) v. Hentig, a. a. O.
3) a.a.O., S.208

© Verlag an der Ruhr, Postfach 102251, 45422 Mülheim an der Ruhr

2.1.

„Eine Schule für Schöpfer"

Es ist immer wieder bestürzend, wie viele richtige und einsehbare Sätze geschrieben wurden und dann auf dem Papier stehen gelassen wurden. Sätze wie diese, 1973 von dem italienischen Kinderbuchautor **Gianni Rodari** formuliert:

„Aber zwischen einer toten und einer lebendigen Schule liegt eben hier das deutlichste Unterscheidungsmerkmal: die Schule für ‚Konsumenten' ist tot, und so zu tun, als ob sie weiterlebe, erspart ihr die Verwesung nicht (die augenfällig im Gange ist); eine lebendige und neue Schule kann nur eine Schule für ‚Schöpfer' sein. Das bedeutet, man ist dort nicht ‚Schüler' oder ‚Lehrer', sondern ein ganzer Mensch. ... ‚das Bestreben nach einer allseitigen Entwicklung des Individuums' – würde Marx sagen (Das Elend der Philosophie) – ‚macht sich fühlbar'." [1]

Stundenpläne, Stundentafeln, Testbatterien, Punkte, Ziffern, Noten – es muss doch im Grunde genommen nur um ein einziges „Fach" gehen: um die unter vielen Gesichtspunkten in Begriff und Arbeit genommene Wirklichkeit, *„beginnend mit der ersten Realität der schulischen Gemeinschaft, dem Zusammensein, der Art und Weise des Zusammenseins und Zusammenarbeitens. In einer solchen Schule ist das Kind nicht mehr ‚Konsument' von Kultur und von Wertvorstellungen, sondern gleichsam Schöpfer und Erzeuger von Werten und von Kultur".* [2]

Es hat schon angefangen ...

Und wenn die Utopien „die Werktätigen unter den Träumen" sind, dann sollen diese Sätze gleich kleingearbeitet werden, um zu zeigen, dass sie schon heute vielerorts im Schulalltag Veränderungen bewirken. Denn dies kann in jeder Stunde, im zerfaserten Fachunterricht, im zerstückelten Stundenplan schon (zumindest) beginnen:

Die Tätigkeiten der SchülerInnen sind nicht auf Zuhören, Reden, Stillsitzen und Ruhigsein reduziert. Es wird erkundet, untersucht, experimentiert, konstruiert, gebaut, gespielt. Und zwar so, dass auch Lesen und Schreiben einen echten Sinn erhalten und als sinnvoll erfahren werden können. Arbeit als Substanz der Didaktik. Das Material, an dem und mit dem gelernt und gearbeitet wird, besteht nicht nur aus Schulbüchern, Lehrbüchern und „Arbeitsblättern". Gelernt wird in Auseinandersetzung mit wirklichen Problemen und fragwürdig gewordenen Inhalten. Gearbeitet wird mit Hilfe von Sachbüchern, Nachschlagewerken, Kinder und Jugendbüchern, durch Beobachtungen, Erkundungen, Versuche, Berichte von Fachleuten. Das Gelernte gerinnt schließlich zu sichtbaren, hörbaren, erlebbaren, bedeutsamen, aufhebbaren Arbeitsergebnissen.

Der Klassenraum, die „Lernumgebung", wird zum „Atelier", zu einer Art bewohnter Werkstatt. Arbeitsmaterialien gibt es darin, „Produktionsmittel":

1) Rodari, G., in: Grammatik der Phantasie, Reclam Leipzig 1992, S.180
2) a.a.O.

Eine Leseecke mit Büchern, Broschüren, Zeitschriften. Vielleicht auch Möglichkeiten zum Basteln, Konstruieren, Untersuchen. Arbeiten von SchülerInnen dokumentieren die Gegenstände und Fortschritte des Lernens. Pflanzen gibt es ...

Der Unterricht geht aus von den individuellen Lernvoraussetzungen der SchülerInnen, von ihren Vorlieben, Schwächen, Schwierigkeiten; von den Bedürfnissen, Fragen und Problemen von Kindern und Heranwachsenden. Gegenüber dem „Fließbandlernen", bei dem alle SchülerInnen zur gleichen Zeit, in der gleichen Zeit das Gleiche „lernen" sollen, in dem die Methoden-Monokultur des Frontalunterrichts ungebrochen dominiert, ist Differenzierung gefordert: Differenzierung von den SchülerInnen aus.

Soziales Lernen wird durch die gemeinsame Arbeit und Kooperation ermöglicht. Lernen kann so organisiert werden, dass die Zwänge, ohne die frontaler, auf den Lehrer oder die Lehrerin zentrierter Unterricht nicht möglich ist, weitgehend verzichtbar werden. Der verzerrte „Dialog" zwischen dem (einen) Lehrer/der einen Lehrerin und dem (jeweils ausgewählten) Schüler/der Schülerin gehört der Vergangenheit an. SchülerInnen sprechen miteinander und mit dem Lehrer/der Lehrerin, sie haben (sich) etwas zu sagen. Sie können sich in der Klasse bewegen, mit anderen kommunizieren und arbeiten, sie können auch – erlaubterweise – eine Entspannungspause einlegen, ein Spiel spielen, ein Buch nehmen.

1) Hentig, Hartmut von,
   in: Heft 3/91
   der „Neuen Sammlung"

Der 45-Minuten-Takt hört auf, Lernprozesse willkürlich zu durchtrennen, Lerninhalte dadurch beliebig und austauschbar zu machen. Frei-Räume und Zeit-Räume werden geschaffen für Freie Arbeit und Arbeit an Projekten, für fächerübergreifendes Lernen und für die Öffnung von Schule und Unterricht nach draußen.

Räderwerk und Eigensinn

Schule heute muss Kinder und Jugendliche auf die Welt vorbereiten, wie sie ist. Aber die Schule darf nicht nur ein weiteres Rädchen sein, das sich im großen gesellschaftlichen Räderwerk mitdreht. Lehrerinnen und Lehrer müssen – im Interesse der SchülerInnen wie in ihrem eigenen – Schule als Ort des „Eigen-Sinns" ausbauen, als „Raum zum Wachsen" (v. Hentig).

„Der Grundgedanke sollte sein, dass wir die Schule zu einem Ort machen, ... an dem man vornehmlich durch Beteiligung lernt und weniger durch Belehrung; ein Ort, an dem man die Verantwortung für den eigenen Weg als etwas Befriedigendes und Gemeinsinn als etwas auch mir Dienliches erfährt; ein Ort, an dem die demokratische ‚polis' verständlich ist und meine Mitwirkung in ihr Folgen hat; ein Ort, an dem ich gebraucht werde." [1]

Hartmut von Hentigs pädagogischer Imperativ *„Die Menschen stärken, die Sachen klären"* zeigt, worum es pädagogisch geht: um eine Pädagogik der Ermutigung statt um Leistungsdruck.

© Verlag an der Ruhr, Postfach 102251, 45422 Mülheim an der Ruhr

Es geht um eine Schule, in der die freie und selbstständige Arbeit von Kindern und Jugendlichen im Zentrum steht, die dem Lernen Sinn gibt und die Sinne anspricht und anregt. Es geht um eine Schule, in der Kinder und Jugendliche Demokratie in Klassenraum und Aula, auf dem Schulhof und im Konferenzzimmer wirklich erfahren und erleben können, in der sie Verantwortung bekommen und verantwortlich sein können.

Es geht um eine Schule, in der Kinder und Jugendliche durch ihre Arbeit und ihr Zusammenleben und -lernen Kooperation und Solidarität erleben und erlernen.

„Raum zum Wachsen"

Ein *„Zipfel der besseren Welt"* muss die Schule heute werden, wenn sie als Schule der Zukunft eine Zukunft haben will.
Das ist die Richtung, in die Schule verändert werden muss.
„Neu gedacht" werden muss sie wohl weniger, die „neue Schule".
Neu gemacht muss sie werden.
Und viele Kolleginnen und Kollegen sind alltäglich dabei, Schule zu erneuern.

Foto: Bert Butzke, Mülheim an der Ruhr

Bewegung für eine moderne Schule

1.
Für eine Pädagogik der Ermutigung

1.1.
„Neue" Allgemeinbildung erfordert „neues Lernen"

Die Diskussion um die Fortführung der Schulreform führt zur Frage danach, was heute – angesichts der Bedrohungen der natürlichen Lebensgrundlagen und des Friedens – „Allgemeinbildung" ist.
Diese Diskussion darf nicht wieder stehenbleiben bei der Frage, was Schule zu vermitteln habe.

Es geht nicht darum, Lehrstoffe auszutauschen. Es muss darum gehen, SchülerInnen wirklich zu „Subjekten des Lernens" zu machen, sie lernen zu lassen, statt immer wieder nur belehren zu wollen.

Zu kritisieren ist der Irrglaube, dass Lernen eine bloße Folge von Belehrung sei. Die sichtbaren Resultate herkömmlicher „Lernorganisation" (z.B. die „Motivationsprobleme", die „Disziplinschwierigkeiten") beweisen, dass die gegenwärtig vorherrschende Form schulischen Lernens fragwürdig geworden ist und allzu oft Lernen verhindert, indem sie SchülerInnen „demotiviert".

© Verlag an der Ruhr, Postfach 102251, 45422 Mülheim an der Ruhr

Mit Freiarbeit erfolgreich in der Sek. I

1.2.
Die „Pathologie der Normalität"

Was ist das eigentlich für eine „Normalität", die an vielen unserer Schulen herrscht? Vielleicht sollten Lehrerinnen und Lehrer einmal schulische „Normalzustände" selbstkritisch betrachten:

- Alle 45 Minuten schrillt die Schulglocke und zertrennt willkürlich inhaltliche Zusammenhänge.

- Unterricht bewegt vor allem Papier. Überwiegend wird Papier beschrieben, werden Seiten gelesen, beginnen viele Stunden mit „Schlagt auf Seite 39". Wo bleibt die Wirklichkeit? Wo man doch – außerhalb der Schule zumindest – Sachen anfassen und begreifen kann.

- Kinder und Jugendliche dürfen – meistens – nicht miteinander reden, arbeiten, überlegen, Kontakt aufnehmen; und dabei sitzen sie jahrelang nebeneinander.

- Da stehen Lehrer vor der Klasse und belehren. Sie sitzen eben nicht mit den Lernenden an einem Tisch.

- Wo bleibt das, was Kinder und Jugendliche wirklich bewegt? Buchseiten, Filminhalte, Tafeltexte sollen wichtig sein.

Sicher: Das ist vielleicht überspitzt. Aber vielleicht trägt Zuspitzung dazu bei, den Schulalltag mit (selbst)kritischen Augen zu sehen, die *„Pathologie der Normalität"* (Erich Fromm) im Schulalltag zu entdecken.

Man muss *Ivan Illich* in seinen Entschulungsforderungen nicht folgen. Aber richtig ist,

- *„dass der Zwangsunterricht bei den meisten Menschen den Willen zu unabhängigem Lernen abtötet"*,
- *„dass das Lernen durch die Welt wertvoller ist als das Lernen über die Welt"*,
- dass *„die Entfremdung des Menschen von seinem Lernen"* eine massenhaft verbreitete Erscheinung unserer Schulwirklichkeit ist.

Die Frage stellt sich nach einer Erneuerung der Schule, die Schüler wirklich lernen lässt.

1.3.
Ein neuer Bildungsbegriff

Die Diskussion um die Erneuerung des Bildungsbegriffs, um eine „neue" Allgemeinbildung, spiegeln die Erkenntnis wider, dass der gegenwärtige Bildungsbegriff zu eng ist, dass er Lernen einengt. Diese Einengung besteht darin, dass Bildung meist nur verstanden wird als Abstraktions- und Verbalisierungsfähigkeit, also rein „kognitiv".

Seit einigen Jahren ist in der didaktischen Diskussion die Tendenz zu spüren, gegenüber einer in den 70er-Jahren – infolge eines technokratisch verkürzten Bildungsbegriffs – einseitig betonten „Lernzielorientierung" mit einer „Operationalisierung" (= Zerstückelung) von Inhalten

© Verlag an der Ruhr, Postfach 102251, 45422 Mülheim an der Ruhr

wieder stärker die SchülerInnen zum Zentrum des Unterrichts zu machen. Stichworte sind „Situationsbezug", „Ansetzen an den Alltagserfahrungen", Aufgreifen von „Lebenssituationen".

Den Abschied von den allzu lange dominierenden „kognitivistischen Lerntheorien" verdeutlicht das folgende (vernichtende) Zitat:

„Weder wird in diesen Theorien das in arrangierten didaktischen Situationen initiierte Lernen in seiner Distanz zum Alltagsverstehen begriffen, noch wird der Aspekt der Bedeutung, die die Lerngegenstände für den Lerner besitzen, beachtet". [1]

Es ist schon so:
Lernen muss für den Lernenden einen für ihn einsehbaren *Sinn* haben, und es darf ihn nicht auf seinen Kopf reduzieren, muss *Sinnlichkeit* verwirklichen. Mit der *„heutigen Fesselung der Kinder in kognitiver Einseitigkeit"* (Andreas Flitner) muss Schluss gemacht werden. Eine *„Ökologie des Lernens"* (Manfred Bönsch) in der Schule bedeutet, „Sinn und Sinnlichkeit" zu verbinden als notwendige Alternative zum entfremdeten, abstrakten Lernen. Gewiss ein hohes Ziel, das es in den Schul- und Unterrichtsalltag hinein „kleinzuarbeiten" gilt.

1) Rösler, W.:
   Alltagsstrukturen – kognitive Strukturen – Lehrerstrukturen, in: Zeitschrift für Pädagogik, Heft 6/1983, zit. nach: Schirp, Hans: Hauptschule und Lehrplanarbeit, Soest 1986 (Soester Verlagskontor)
2) Schirp, a.a.O., S. 60 f.

Dazu gehört:
• Schule muss sich einlassen auf das Leben und die Lebenserfahrungen der SchülerInnen.
• Schule muss sich ihrem sozialen Umfeld öffnen.

Was Hans Schirp bezogen auf die Pädagogik an der Hauptschule sagt, gilt eigentlich für *alle* Schulformen:

Es geht darum, *„den Schüler zu sich selbst zu führen"*, indem pädagogische Praxis versucht,
• ihn *„frei zu machen von der Bewusstlosigkeit im Umgang mit den Umständen seines Lebens"*,
• ihn *„fähig zu machen, sich erforderliche Kenntnisse, Fertigkeiten und Einstellungen anzueignen und sie auch anzuwenden"*,
• ihn *„selbstständig zu machen, sein Leben selbst zu bestimmen"*, und
• in *„fähig zu machen zu Empathie und Solidarität, mit dem anderen zu denken, zu fühlen und zu handeln"*. [2]

Was „innere Schulreform" will, lässt sich mit dem Stichwort **„Pädagogik der Ermutigung"** treffend charakterisieren.

Die pädagogische Arbeit in allen Schulformen muss sich der Aufgabe stellen, in Schulleben und Unterrichtsalltag:
• Soziale Erfahrungen und soziales Lernen zu ermöglichen, „Mit-Menschlichkeit" erlebbar zu machen;
• dem Bedürfnis der SchülerInnen nach Anerkennung, Akzeptanz und Identität zu entsprechen, SchülerInnen Verantwortung und Bewährungsmöglichkeiten zu geben;
• dem Unterricht und der Leistung einsehbaren Sinn zu geben.

© Verlag an der Ruhr, Postfach 102251, 45422 Mülheim an der Ruhr

Bewegung für eine moderne Schule

„Schule als Erfahrungsraum" – wirklich kein neuer Begriff!

Fassen wir einige Bausteine einer *„Pädagogik der Ermutigung"* zusammen:

- **Disziplinschwierigkeiten?**
Fragen wir uns doch wieder, was das ist: Disziplin. Etwa die Fähigkeit, klaglos 45 Minuten dem Lehrer/der Lehrerin zuzuhören oder etwas abzuschreiben? Soziales Lernen können SchülerInnen nur in „echten" Situationen lernen. In den Klassen und Schulen muss soziale Kooperation gelernt werden können. Wir Lehrerinnen und Lehrer haben dabei eine Norm zu vermitteln: Mit-Menschlichkeit.

- **Schüler leisten nichts?**
Das System unserer Notengebung ist am – vom Lehrer/von der Lehrerin definierten – „Können" orientiert. Eine *„Pädagogik der Ermutigung"* würde sich am Nicht-Können orientieren. Denn: Können wird erst dann wirklich wahrscheinlich, wenn Nicht-Können „erlaubt" und nicht mehr diskriminiert wird. Walter Bärsch forderte gar eine *„Didaktik von der falschen Antwort her"*. Ein Unterricht, in dem der Lehrer/die Lehrerin als „allwissender Zampano" auftritt, wird die Erfahrungen und das (Vor-)Wissen der SchülerInnen geringschätzen. Ist es nicht unsere Aufgabe, SchülerInnen wieder zum Fragen zu bringen? Ihnen den Stoff als Ausschnitt der sie umgebenden Wirklichkeit wieder fragwürdig – und damit spannend – zu machen?

- **Schüler haben kein Interesse?**
SchülerInnen interessieren sich für vieles! Aber vielleicht liegen Interesselosigkeit und mangelnde Motivation am „Lernen durch Belehrung"? Handeln findet kaum statt. Unterricht vermittelt oft eine graue, schwer verdauliche, weil kaum begreifbare Theorie des Lebens. Praktische, sinnliche Erfahrungen, die Einbeziehung der Erfahrungen der SchülerInnen können dem Lernen neuen Sinn geben. Denn noch immer ist die Kritik von Walter Bärsch zutreffend: *„Unser herkömmlicher Fachunterricht ist eine merkwürdige Lehrveranstaltung über Wirklichkeit aus zweiter Hand."*

> *„Wenn (wie wir beweisen) ein Kind, das seiner Persönlichkeit gemäß arbeiten kann, nicht mehr ausgeschimpft oder ‚motiviert' werden muss, um eine sorgfältige Arbeit zu liefern, dann bricht die ganze alte Schulkonzeption zusammen."*
>
> Célestin Freinet

© Verlag an der Ruhr, Postfach 102251, 45422 Mülheim an der Ruhr

2.
Célestin Freinet
– noch immer unserer Zeit voraus

1996 jährte sich der Geburtstag des französischen Reformpädagogen Célestin Freinet zum 100. Male. Seine pädagogischen Anregungen und Ideen sind unvermindert aktuell: noch immer unserer Zeit voraus.

„Freinet-Pädagogik" – das ist eine sinnliche und praktische Arbeits-pädagogik, die vielfältige Lern-Wege öffnet, Fantasie und Eigen-Sinn durch Formen freien Ausdrucks fördert. „Freinet-Pädagogik" – das bedeutet kooperative Gestaltung des Klassen- und Schullebens und gelebte Demokratie im Klassenrat.

Die Freinet-Pädagogik ist eine der am meisten diskutierten reformpädagogischen Konzeptionen. Lehrerinnen und Lehrer aller Schulstufen, die ihren Unterricht öffnen, ihren Schü-lerinnen und Schülern „Freies Arbeiten" ermöglichen wollen, versuchen Arbeits-formen und „Techniken", die von Freinet entwickelt und begründet wurden, in ihren Unterricht einzubauen. Und so war Freinets hundertster Geburtstag alles andere als ein ver-staubter Gedenktag, sondern ist ein deutliches Zeichen für die Aktualität und Frische seiner pädagogischen Ideen und Anregungen.

Die allenthalben beobachtbare Renaissance der Reformpädagogik ist kein Zufall, sondern Ausdruck der Suche vieler Lehrerinnen und Lehrer nach praktikablen Antworten auf die drängenden pädagogischen Probleme unserer Zeit, auf die Herausforderungen tiefgreifend veränderter Kindheit und Jugend sowie der sozialen und ökonomischen Krise.

Freinet hat mit Leidenschaft, mit Kraft und Feuer seiner Sprache die herrschenden pädagoglschen Ver hältnisse kritisiert. Noch heute trifft seine radikale Schulkritik. In allen Schulformen der Sekundarstufe z.B. stehen wir, anknüpfend an die pädagogische Reform der Grundschule, vor der Aufgabe, sinnvolle und befriedigende Formen des Lernens zu verwirklichen:

- In Fächer und 45-Minuten-Stücke zersplittertes Lernen lässt Zusammen-hänge nicht deutlich werden.
- Einseitig verbal und kognitiv orientier-ter Unterricht lässt sinnlich-praktische Erfahrungen nicht zu und lässt damit Eigenaktivität verkümmern.
- Vorherrschender Frontalunterricht und ein Leistungsverständnis, das sich oberflächlich an Klassenarbeiten, Noten und Punkten orientiert, ver-hindern das Lernen von Kooperation und das Entstehen von Solidarität.

„Schule als Lebensraum" propagierte Freinets Zeitgenosse **Peter Petersen**. Freinet selbst verwirklichte die **Schul-klasse als „Arbeits-Gemeinschaft"**, als **„Kooperative"** – beides verstanden als Ernstfälle sozialen Lernens, als er-fahrene und gelebte Mitmenschlichkeit und Solidarität.

Aus seiner leidenschaftlichen Kritik der „alten Schule" entwickelte Célestin Freinet sein pädagogisch-politisches

Mit Freiarbeit erfolgreich in der Sek. I

© Verlag an der Ruhr, Postfach 102251, 45422 Mülheim an der Ruhr

Programm der „Modernen Schule" („Ecole Moderne"). Es zielt auf eine emanzipatorische Form der Arbeitsschule und auf eine offene und befreiende Erziehung. Freinets pädagogische Auffassungen haben eine deutliche politische Tendenz: Es ist eine parteiliche Pädagogik für die Kinder der Unterprivilegierten. Freinet, der vor allem mit Kindern besitzloser Tagelöhner, Landarbeiter und Bauern in der Provence arbeitete, wollte mit Lehrern, Eltern und Kindern gemeinsam die Schule zu einer „fortschrittlichen Bildungsinstitution des Volkes" machen. „Parteilichkeit als Bildungsprinzip" bedeutete für Freinet aber keineswegs politische Manipulation der SchülerInnen. Die „Charta" der Bewegung der „Ecole Moderne" legt fest: „Wir sind gegen jede Indoktrinierung." Und: „Erziehung ist Entfaltung und Bildung und nicht Ansammlung von Wissen, Dressur und Manipulation."

Das „Geheimnis" der Ideen des Célestin Freinet ist, dass sie (nach-)machbar sind: Kompass für die „Schulreform von unten" und „Kochbuch für die Umwälzung der Staatsschule" (Konrad Wünsche).

2.1.
Annäherung an Célestin Freinet

Biographische Notizen

Am *15. Oktober 1896* wird Célestin Freinet als fünftes von acht Kindern einer Bauernfamilie in einem kleinen Dorf in der Provençe geboren. Seine eigene Schulzeit erlebt der aufgeweckte und freiheitsliebende Junge als Qual. Diese Erfahrungen prägen Anschauungen und Handeln des späteren Pädagogen ebenso wie seine enge Verbundenheit mit Natur, Land und Leuten.

1915 zum Kriegsdienst eingezogen erleidet Freinet eine schwere Lungenverletzung. Seine Kriegserfahrungen machen ihn zeitlebens zum überzeugten Pazifisten. (Seine Lungenverletzung übrigens führte etliche seiner Biographen zur Vermutung, er habe seine „Pädagogik der Selbsttätigkeit" entwickelt, um einen langen Schultag überhaupt durchstehen zu können.)

1920 schaffte es Freinet trotz der Verletzungsfolgen, seine erste Lehrerstelle in der winzigen, armselig ausgestatteten Dorfschule von Bar-sur-Loup anzutreten. Hier entsteht nun Anfang der 20er-Jahre die „Freinet-Pädagogik", als mehrere KollegInnen sich zusammentun und versuchen, Unterricht gemeinsam zu verändern. Um die lebensfremde Atmosphäre aus seiner Klasse zu verbannen, verlässt der junge Lehrer bald nachmittags mit den Kindern die Schule und beobachtet Bauern und Handwerker bei ihrer Arbeit. Anschließend verfassen die Kinder Texte über ihre Eindrücke und machen sich in der Schule mit handwerklichen Tätigkeiten vertraut.

1923 kauft Freinet eine Druckpresse und lässt seine SchülerInnen freie Texte ohne vorgegebenes Thema schreiben und drucken. Bald entstehen daraus Klassenzeitungen. Die Praxis des freien Textes und der Schuldruckerei ersetzen allmählich die herkömmlichen Schulbücher und helfen, „den Kindern das Wort (zu) geben". Die Druckerei wird zum Symbol der rasch wachsenden "Freinet-Bewegung", die untereinander durch ein Netz von Kooperation, Korrespondenz sowie Treffen und Tagungen verbunden ist.

© Verlag an der Ruhr, Postfach 102251, 45422 Mülheim an der Ruhr

1924 gründen Freinet und zahlreiche gleichgesinnte KollegInnen eine „Kooperative", die pädagogische Zusammenarbeit organisiert und Arbeitsmittel und Materialien herausgibt („Coopérative de l'Enseignement Laïc", C.E.L.), aus der allmählich die französische Lehrerbewegung der **„Ecole Moderne"** (**„Moderne Schule"**) hervorgeht. Ihr Ziel ist es, die alte Buch- und Paukschule von innen heraus umzugestalten – durch die Kooperation zwischen einer stetig wachsenden Zahl von Lehrerinnen und Lehrern.
Ihre politischen Absichten unterscheiden diese Bewegung von anderen reformpädagogischen Strömungen: Als **„Pädagogik des Volkes"** erstrebt sie emanzipatorische Ziele und ergreift Partei für die Kinder der Unterprivilegierten.

1926 produziert Freinet seine erste eigene Schuldruckpresse und entwickelt in den Folgejahren noch einfachere, handlichere Modelle, um die Schuldruckerei massenhaft verbreiten zu können. Immer mehr französische Schulklassen treten in Korrespondenz und tauschen Texte, Klassenzeitungen und Arbeitsergebnisse aus.
Im gleichen Jahr heiratet er Elise, Zeit seines Lebens seine engste Mitarbeiterin. Freinet arbeitet aktiv in der Gewerk-schaft und wird Mitglied der Französischen Kommunistischen Partei (die ihn Anfang der 50er-Jahre wieder ausschließen wird: Er und seine pädagogische Bewegung lassen sich nicht auf „Parteilinie" bringen).

1927 findet der erste Kongress der „Ecole Moderne" statt, die fortan jährlich stattfinden. Die „Kooperative" vertreibt Druckereien, Arbeitskarteien, „Nachschlagekisten" und Lesehefte – Arbeitsmittel, die nun endgültig die Schulbücher verdrängen und selbstorganisierte „Freie Arbeit" ermöglichen.

1928 wechseln Freinet und seine Frau nach St. Paul de Vence an eine Schule, an der beide unterrichten können. Die wachsende pädagogische Bewegung, die die Grundlagen der bestehenden Schule in Frage stellt, bringt heftige Konflikte mit der Schulbürokratie mit sich.

1932 berichten SchülerInnen Freinets in einem freien Text über ein kirchliches Fest, bei dem auch der Pfarrer betrunken war. Daraufhin bricht ein offener Schulkampf aus, der sich bald zu einer brisanten schulpolitischen Auseinandersetzung auf nationaler Ebene entfaltet, die mit der Entlassung Freinets aus dem Schuldienst endet.

1935 eröffnen Célestin und Elise Freinet ein privates Landerziehungsheim in Vence, das bald zum Zentrum praktischer pädagogischer Forschung wird. Im Zentrum der Schule steht die praktische, sinnvolle, schöpferische Arbeit, die die Entfaltung des Kindes im Blick hat. Mit dem Sieg der französischen Volksfront erfährt die Freinet-Bewegung einen weiteren Aufschwung, bevor ihr durch die faschistischen Regierungen und den 2. Weltkrieg ein Ende gesetzt wird.

1940 wird Freinet in ein Internierungslager gebracht. Während dieser Zeit verfasst er grundlegende pädagogische Arbeiten. Nach seiner Entlassung organisiert er an führender Stelle die regionale Widerstandsbewegung („Résistance") mit.
Gleich nach Kriegsende findet der erste Kongreß der Nachkriegszeit statt.

1946 erscheint sein Buch „L'Ecole Moderne Française", in dem er seine pädagogischen Ideen zusammenfasst. Er kann seine Privatschule wieder eröffnen.

Bewegung für eine moderne Schule

1948 begründet Freinet das „Institut Coopérative de l'Ecole Moderne" (ICEM), dessen Arbeitsschwerpunkt die Erprobung, Weiterentwicklung und der Vertrieb von Arbeitsmitteln ist, und das regionale Lehrertreffen koordiniert.

1961 wird die „Féderation Internationale des Mouvements de l'Ecole Moderne" (FIMEM) ins Leben gerufen, die zur Koordinierung der Freinet-Bewegungen in verschiedenen Ländern dienen soll: Aus der Kooperation weniger französischer VolksschullehrerInnen ist eine internationale pädagogische Reformbewegung geworden.

Am *8. Oktober 1966* stirbt Célestin Freinet in Vence.

Dürre Daten eines reichen Lebens, einer beeindruckenden und ausstrahlenden Persönlichkeit. Sein Leben lang bleibt Freinet der Bauernsohn aus der Provence, „dessen Pragmatismus mit Poesie eingefärbt ist und dessen Großherzigkeit verdoppelt wird durch unerschütterliche Zähigkeit", wie ein Biograph schreibt. Freinets Charisma kann AnhängerInnen unterschiedlicher politischer Richtungen integrieren. Seine Naturverbundenheit „ist die Basis seines pädagogischen Denkens und führt ihn zur Entwicklung seiner ‚natürlichen' Methode'. Analogien zu Wachstums- und Reifungsvorgängen in der Natur bestimmen seine Theoriebildung über kindliche Lernvorgänge. … Die Texte von den Adlern, die keine Treppen steigen, vom Pferd, das nicht trinken will, der Vergleich des Schulbetriebs mit modernen Hühnerzuchtfarmen zeigen beispielhaft diese Verbindung von konkretem, lebensbezogenem Denken fernab von abstraktem Theoretisieren auf. Mit einem gewissen Trotz setzt

Freinet seinen theoretischen **Ansatz des ‚natürlichen Denkens' und der ‚natürlichen Methode'** gegen das herrschende wissenschaftliche Denken seiner Zeit. Er will sich absetzen von der Künstlichkeit, der Lebensferne und dem Zwangscharakter herkömmlicher schulischer Erziehung." **(Ingrid Dietrich)**

Die Bedeutung der Person und der Ausstrahlung Freinets kann nicht hoch genug gewürdigt werden.

Aber: Für die Entstehung und Entfaltung seiner Initiative der „Modernen Schule" war von Anfang an die Kooperation der Lehrerinnen und Lehrer entscheidend. Freinets Pädagogik ist zur Bewegung geworden.

2.2. Pädagogische Grund-Sätze

Anhand von pädagogischen („Grund"-) Sätzen, mit denen Freinet selbst zu Wort kommt, sollen seine pädagogischen Auffassungen skizziert werden.

„Den Kindern das Wort geben."
Dieses Motto Freinets drückt vielleicht am prägnantesten den Kern seiner Auffassungen aus. Zentrum aller pädagogischen Bemühungen ist das Kind, der Jugendliche als eigenständige Person. Ihr müssen in der Schule und in der Klasse vielfältige Möglichkeiten gegeben werden, ihre besonderen Fähigkeiten zu entwickeln, sich möglichst selbstständig Wissen anzueignen, das Lernen zu lernen und soziale Lebenserfahrungen zu gewinnen:
„Im Mittelpunkt der Schule wird

© Verlag an der Ruhr, Postfach 102251, 45422 Mülheim an der Ruhr

*das Kind stehen. Das Kind
baut mit unserer Hilfe seine
Persönlichkeit selbst auf."*
Im Vergleich zu anderen reformpädagogischen Ansätzen betont die
Freinet-Pädagogik die Selbstverantwort-
lichkeit und Autonomie des Kindes,
indem sie Methoden und Techniken
entwickelt, die Kinder selbst zu Wort
kommen lassen, um eigene Bedürfnissen,
Interessen und Erfahrungen auszudrücken und sie in der Klasse zur
Sprache bringen zu können.

Freinet selbst nannte seine
pädagogischen Überlegungen, Ideen
und Anregungen nie „Pädagogik".
Damit macht er deutlich, dass nicht
ein theoretischer Überbau der Ausgangspunkt seiner Tätigkeit ist, sondern die
tägliche pädagogische Praxis. Ihm ging
es darum, aus den Alltagserfahrungen
sinnvolle Formen des Lernens zu entwickeln und zu einem pädagogischen
Konzept zusammenzufügen:
*„Am Anfang jeder Eroberung
steht nicht das abstrakte Wissen,
sondern die Erfahrung, die Übung
und die Arbeit."*
Dieser Satz gilt für Freinets Pädagogik
ebenso wie für die praktische Arbeit
in der Schulklasse. Die überkommene
Trennung von Schule und Leben,
von Theorie und Praxis, von Kopf-
und Handarbeit soll praktisch
überwunden werden:

> **„Par la vie – pour la vie
> – par le travail"
> (Durch das Leben – für das Leben
> – durch die Arbeit).**

„Die Schule von morgen wird die Schule der Arbeit sein."

Dieser Satz ist Programm der pädagogischen Reforminitiative Célestin Freinets.

Er ist nichts weniger als
der Schlüssel zur notwendigen
Umgestaltung der Staatsschule:
*„Wenn (wie wir beweisen) ein Kind,
das seiner Persönlichkeit gemäß
arbeiten kann, nicht mehr ausge-
schimpft oder 'motiviert' werden
muss, um eine sorgfältige Arbeit zu
liefern, dann bricht die ganze alte
Schulkonzeption zusammen."*
Von jeher konzentriert sich die
Schule auf die Belehrung durch Worte
und Symbole. Das liegt an der spezifischen Schulkultur, die sich im Laufe der
Geschichte der Schule entwickelt hat.
Es liegt an der Bedeutung von Sprache
und Mathematik für unsere Kultur, auch
am Charakter von Schule als Institution,
die nicht das Leben betreiben will,
sondern das Lehren und Unterrichten.
Schon Pestalozzi schimpfte, dass Schule
zum „Maulbrauchen" anhalte, statt zu
Erfahrung und praktischem Tätigsein.
Freinet stellte sarkastisch fest:
**„Seien wir ehrlich:
Wenn man es den Pädagogen
überlassen würde, den Kindern
das Fahrradfahren beizubringen,
gäbe es nicht viele Radfahrer."**

Denn was tun SchülerInnen „normaler-
weise" im Unterricht? Sie sind sehr viel
häufiger mit „verkopften", sprachlich
vermittelten Tätigkeiten befasst als
mit sinnlich-ganzheitlichen Aktivitäten,
die das Lernen mit **„Kopf, Herz und
Hand"** und allen Sinnen provozieren.
Das führt zu der üblichen hohen Lehrer-
dominanz auf der einen und zu einem
hohen Anteil von Still- und Einzelarbeit
auf der anderen Seite. Demgegenüber
ist „Arbeit" der Kern der Pädagogik
Freinets:
*„Die Arbeit wird das Prinzip,
der Motor und die Philosophie
der Pädagogik für das Volk sein.
Durch Selbsttätigkeit wird aller
Bildungserwerb erzielt."*

Bewegung für eine moderne Schule

Die Schule in seinem Sinne ist eine **„Arbeits-Schule"**, sie wird zur Werkstatt. Dabei geht Freinet vom Bedürfnis nach Arbeit als einem elementaren Bedürfnis aller Menschen aus, wobei er **„Arbeit" als Tätigkeit** auffasst, *„mit der das Individuum seine wichtigsten physiologischen und psychologischen Bedürfnisse befriedigen kann, die ihm zur vollen Entfaltung seines Ichs unentbehrlich sind."* Schul-Arbeit, so folgert er, muss mit dem Leben verbunden werden.

„Unsere Schule wird eine Werkstatt sein."

Wird selbstständige und kooperative Arbeit ins Zentrum gestellt, dann wird Schule zu einer **Werkstatt für Handarbeit, Kopfarbeit und Zusammenarbeit.**

Dabei entstehen sinnvolle Arbeitsergebnisse und -produkte. SchülerInnen sind an der Planung ihrer Lern- und Arbeitsprozesse, an deren Organisation und Gestaltung systematisch und aktiv beteiligt. Neben dem Klassenraum wird auch an anderen schulischen und außerschulischen Orten gelernt. Die Arbeitsergebnisse werden einer schulischen und/oder außerschulischen Öffentlichkeit zugänglich gemacht.

„Unsere natürlichen Methoden", schreibt Freinet, *„beruhen auf genau denselben Prinzipien, nach denen seit Menschengedenken Kinder sprechen und laufen gelernt haben. Niemand wäre auf die Idee gekommen, dass dazu Regeln, Aufgaben und Unterricht notwendig seien. ... indem man spricht, lernt man zu sprechen; indem man schreibt, lernt man zu schreiben ..."* Die Freinet-Pädagogik bevorzugt Unterrichtsmethoden, die dem Kind die Annäherung und die eigen-sinnige „Eroberung" einer Sache durch eigenes Ausprobieren und Experimentieren ermöglichen und von Anfang an Blick und Zugriff auf das Ganze zulassen und das Kind eben nicht Schritt für Schritt an den Lehr-Gang des Lehrers/ der Lehrerin fesseln. Darum geht es, wenn Freinet von der „natürlichen Methode" spricht: Nicht auf die Übernahme „fertiger" Ergebnisse kommt es an, sondern eigenes Experimentieren und „tastendes Versuchen" sind Inhalt der Lernprozesse. Statt „be-lehrendem" Unterricht geht es um das Organisieren von Lernprozessen als Produktionsprozesse: **Lernen als Produktion,** „Manufaktur" statt „Fließband" und „Gleichschritt".

„Die Schulklasse als Kooperative"

Freinet begriff die Schulklasse als Arbeitsgemeinschaft, als „Kooperative": als lebendigen Organismus, der sich soziale Institutionen zur Selbstorganisation des Zusammenlebens und -arbeitens selbst schafft: Klassenversammlung und Klassenrat, Regeln und Vereinbarungen, Klassenämter, Wandzeitungen, individuelle und gemeinsame Arbeitspläne.

Die Arbeit in der Klassenkooperative beginnt mit einem selbst bestimmten und sich ständig entwickelnden Regelwerk, das die Arbeits- und sozialen Beziehungen orientiert und strukturiert. In der immer noch vorherrschenden Form des Unterrichts sind Noten und die daran festgemachte „Leistung" die Quelle, aus der sich Selbstwertgefühl (wie Entmutigung) speisen. In kooperativen Lern- und Unterrichtsprozessen gibt es keine „besseren" oder „schlechteren" Mitschülerinnen und Mitschüler, keine, die allein

© Verlag an der Ruhr, Postfach 102251, 45422 Mülheim an der Ruhr

„das Sagen" haben, keine, die an den Rand gedrängt werden. Und wenn – dann kommt das zur Sprache. Kooperation und schließlich Solidarität sind dort möglich, wo jeder einzelne das Gefühl hat, gleichberechtigt und gleichgeachtet zu sein.

Anstelle der Machtbeziehung integrieren sich die Lehrerin/der Lehrer in die Klassenkooperative. Dabei bekommt die Rolle der LehrerInnen einen neuen Sinn: Sie sind offen gegenüber den SchülerInnen, greifen initiierend, helfend, beratend und organisierend in die Arbeitsprozesse ein.

Viele KollegInnen, die vom Machtkampf mit ihren SchülerInnen ermüdet bis entnervt sind wissen, dass eben dieser „Machtkampf" ein Schuss nach hinten ist. Célestin Freinet nannte seine Antwort „kooperative Arbeitsdisziplin". Zum Beleg führt er eine immer wieder gemachte Alltagserfahrung an: Wie „leicht zu ertragen" sind Kinder zu Hause oder in der Schule, wenn sie sich ganz und gar mit einer Sache beschäftigen, die sie interessiert und fesselt! Und trifft Freinet nicht tatsächlich den Kern des Problems, wenn er schreibt:

„Das Kind, das sich mit Begeisterung betätigt, diszipliniert sich selbst, sofern es nicht automatisch durch die Arbeit an Ordnung gewöhnt wird. Unsere wahre Arbeit besteht darin, unseren Schülern alle erzieherisch wirkenden Tätigkeiten zu erlauben, die ihre Persönlichkeit zufriedenstellen, die eine Disziplin voraussetzen, welche ihre Motivation im gesteckten Ziel findet. Das einzige Kriterium wird nun nicht mehr die Frage sein: Sind die Kinder brav, gehorsam und ruhig? Sondern: Arbeiten sie mit Begeisterung und Schwung?"

„Die Befreiung der Schule geht von den LehrerInnen aus."

Freinets Pädagogik zielt auf Befreiung, auf reiche Entfaltung der kindlichen Persönlichkeit ebenso wie auf eine befriedigende Berufspraxis von Lehrerinnen und Lehrern: *„In der traditionellen Schule unterweist der Lehrer die Schüler, manchmal versucht er auch, sie zu erziehen. Wir sagen: Das Kind muss sich selbst erziehen, sich selbst bilden, mit Hilfe der Erwachsenen. Wir versetzen die Achse der Erziehung: Im Zentrum der Schule steht nicht mehr der Lehrer, sondern das Kind."*

Dies hat eine neue Lehrerrolle zur Folge und macht den „Unterrichtsbeamten" und „Stundenhalter" zum Erzieher und Mit-Arbeiter seiner Schüler: *„Und ihr Lehrer seid mehr als andere durch die formellen Anforderungen eures Berufs geprägt. Jede Aufgabe, die ihr korrigiert, jeder Strich mit roter Tinte, jede Lektion, die ihr wiederholt, jeder Schlag mit dem Lineal auf den Tisch, jede großzügig verteilte Strafe gräbt in euch ihre unauslöschliche Spur. Verlaßt die Kanzel und nehmt das Werkzeug. Richtet die Setzrahmen her und bereitet den Druck vor, begeistert euch an jedem Erfolg; seid alles zugleich, Arbeiter, Gärtner, Techniker, Spielleiter und Dichter, lernt wieder zu lachen, zu leben und zu fühlen. Ihr werdet neue Menschen sein."*

Und so war und ist Kooperation und die Schaffung von Lehrerkooperativen die Quelle der Freinet-Bewegung und die Voraussetzung für die Veränderung von Schule und Unterricht: Schulreform von unten.

2.3.
Werkzeuge und Techniken

Fast trotzig formuliert Célestin Freinet gegenüber KritikerInnen aus der universitären Pädagogik: *„Die Freinet-Pädagogik ist keine Pädagogik der Worte, sondern basiert auf Werkzeugen und Techniken."* Von pädagogischen „Techniken" sprach er, um so seine kritische Haltung gegenüber lebens- und praxisferner Theorie zu betonen: *„Wir sind keine Theoretiker, sondern Praktiker; Praktiker, die gleich den Handwerkern an ihrer Werkbank mit manchmal beschränkten theoretischen Kenntnissen ihre Werkzeuge erfinden oder vervollkommnen, sich Handbewegungen ausdenken, Verfahrensweisen ausprobieren, die sie dann später systematisieren und ordnen, um sie ihren weniger erfindungsreichen oder begünstigten Kollegen mitzuteilen."*

Und so bilden die „Freinet-Techniken" kein auf Vollständigkeit angelegtes System, vielmehr werden die einzelnen Anregungen und Ideen nach und nach gemäß den jeweils vorgefundenen Bedingungen und Möglichkeiten in der Klasse schrittweise eingeführt. Schon eine ändert das Leben der Klasse, in ihrem Zusammenwirken entfalten sie die Schulklasse als Kooperative.

Klassenrat

Den „Morgenkreis" gibt es in vielen Schulen. Er ist sehr sinnvoll und dient der Einstimmung auf den Tag und der Besprechung des Tagesverlaufs. „Klassenrat" im Sinne Freinets

bedeutet mehr. **Der Klassenrat ist das Mitbestimmungsorgan aller Kinder zu inhaltlichen, methodischen und erzieherischen Fragen der Klassengemeinschaft.** Die (in der Regel) wöchentliche Klassenratssitzung ist also die Institution, in der die Kinder verantwortlich die schulische Arbeit reflektieren, planen, Konflikte bearbeiten und regeln, damit sie produktiv arbeiten, aber auch gemeinschaftliche Vorhaben verwirklichen können.

Wandzeitung

Übersichten, Pläne, Listen und Plakate hängen zahlreich in jeder „Freinet-Klasse". Die Wandzeitung ist ein großes Blatt (oder ein recht großer Raum an der Pinnwand), das zu Wochenbeginn aufgehängt wird. **Die Wandzeitung ist in drei große Spalten gegliedert:** „Ich lobe", „Ich kritisiere", „Ich schlage vor". Im Laufe der Woche schreiben die SchülerInnen ihre Bemerkungen in diese Rubriken. Die Wandzeitung ist dann eine wichtige Grundlage für den Klassenrat.

Ateliers

Freinet betont unablässig die aktive Natur des Lernens. Die Aufhebung der Trennung von Kopf- und Handarbeit und der Bezug zum Alltagsleben drückt sich in der Einrichtung des Klassenraums aus. **Arbeitsecken** („ateliers de travail" nannte er sie, was am besten wohl mit „Werkstätten" zu übersetzen ist) gibt es dort **mit zahlreichem Handwerkszeug und Material, aber auch mit Heften und Lernmaterialien, einer Klassenbibliothek und der Druckerei:** Arbeit als Substanz der Didaktik. SchülerInnengruppen und einzelne arbeiten parallel, drucken, experimen-

© Verlag an der Ruhr, Postfach 102251, 45422 Mülheim an der Ruhr

tieren in den Ateliers, lösen Aufgaben aus der Rechtschreib- oder Mathematikkartei, malen, schreiben Texte oder erarbeiten einen Vortrag zu einem selbstbestimmten Thema.

Erkundungen

Die Freinet-Pädagogik kritisiert vehement die Künstlichkeit der Schule, ihre Abgeschlossenheit vom Leben außerhalb der Schule. Wann immer möglich soll dieser Isolierung entgegengewirkt werden. Ein wichtiges Mittel dazu sind Erkundungen und Untersuchungen im schulischen Umfeld und darüber hinaus. Die Klasse verlässt gemeinsam das Schulgebäude, um die Umgebung zu erforschen. **Man besucht einen Bauernhof, Handwerker, Betriebe, Baustellen, den naheliegenden Wald, den Flußlauf in der Nähe usw. Wie leben und arbeiten Menschen dort?** Man kann Naturerkundungen vornehmen, Pflanzen und Tiere beobachten. So erweitert sich der Erfahrungsbereich der Kinder, ein direkter Kontakt mit der Wirklichkeit und dem Alltag gesellschaftlichen Lebens entsteht, vieles nur oberflächlich Vertraute oder Gewusste wird „er-fahren" und „be-griffen".

Freier Ausdruck

Neben der Praxis des freien Textes und der Druckerei werden viele andere Unterrichtsformen für die Entfaltung des „freien Ausdrucks" („expression libre") der Kinder produktiv gemacht. Großen Wert legen Lehrerinnen und Lehrer auf **kreative, künstlerische Tätigkeiten wie z.B. freies Malen, graphische Drucktechniken, freies plastisches Gestalten mit Ton, Holz und anderen Materialien, auf freies Rollen- und Theaterspiel, Schatten-** theater, Tanz und Körperausdruck. Diese Ausdrucksformen dienen der Entwicklung des kindlichen Gestaltungswillens und der Phantasie sowie der spielerisch-kreativen Selbsttätigkeit. „Freier Ausdruck" bedeutet, dass es innerhalb des Unterrichts und im Klassenraum örtliche, zeitliche und inhaltliche Freiräume gibt, in denen Kinder sich völlig frei mit ihren Mitteln, Möglichkeiten und Fähigkeiten ausdrücken können.

Freie Texte

Ergebnis des vorherrschenden „Aufsatzunterrichts" ist, dass SchülerInnen eigentätiger Sprachproduktion in der Schule entwöhnt werden, dass Schreiben ihnen nur äußerlich abverlangt wird: „entfremdetes Schreiben". So erfahren Kinder und Jugendliche Schrift und Sprache nicht als Werkzeuge, um sich selbst und dem, was man zu sagen hat, Ausdruck zu geben. Freinet-Pädagogen kommt es darauf an, SchülerInnen wirklich zu Wort kommen zu lassen, so, wie sie es wollen, und nicht, wie es eine bestimmte Aufsatzform vorschreibt. Kinder schreiben Freie Texte: Der individuelle Ausdruck soll gefördert werden, der den Unterricht nicht mehr vom Leben der Kinder und Jugendlichen abtrennt. Phantasie und ursprüngliche Produktivität dürfen nicht durch formalisierte Rechtschreib- und Grammatikübungen, Diktate, Aufsatzlehre zugeschüttet werden. In freien Texten entstehen Schreibfertigkeiten und -fähigkeiten, die Sicherheit im Ausdruck, Kreativität und Abstraktionsvermögen, Rechtschreibung, Satzbau und ästhetisches Gestalten entwickeln. **Ziel dabei ist die Erfahrung der Kinder und Jugendlichen, dass sie selbst etwas mitzuteilen haben, was andere interessieren kann,**

© Verlag an der Ruhr, Postfach 10 22 51, 45422 Mülheim an der Ruhr und dass sie selbst Probleme und Sachverhalte mit eigenen sprachlichen Mitteln darstellen können. Der soziale Wert eines Textes wird durch seine Veröffentlichung erhöht. SchülerInnen erleben ihre wachsende Fähigkeit, mit Schriftsprache umzugehen, sie gestalten den Prozess der Produktion und Veröffentlichung von Texten zunehmend selbst. Die Texte werden von den MitschülerInnen und von der Lehrerin/ dem Lehrer, von einer mehr oder weniger großen Öffentlichkeit wahr- und ernstgenommen. Schreiben und Geschriebenes bekommen einen unmittelbaren Sinn.

Drucken in der Schule

Das Drucken ist eine zentrale freinet-pädagogische Technik, um SchülerInnen zu mehr Selbständigkeit und Kooperation zu erziehen. Freie Texte werden gesetzt und gedruckt, ein sinnlicher Zusammenhang von geistiger und körperlicher Arbeit entsteht. Ein ansprechendes Druckergebnis belohnt die Mühe.
„Wir haben den Buchdruck wahrhaft in unsere Klassen hineingetragen, wir haben ihn ebenso unentbehrlich gemacht wie Feder und Bleistift; wir haben ihn zur Grundlage einer neuen Arbeitsmethode gemacht, die vollständig auf der freien Betätigung der Kinder beruht."
Die Druckerei in den Händen der Kinder ist ein Ausdrucksmittel für eigene Gedanken und Erlebnisse. Mit ihr beschritt Freinet einen völlig anderen Weg, der auch im Zeitalter des Computers nichts von seiner Aktualität eingebüßt hat:
Die SchülerInnen können und sollen ihre eigenen Texte setzen, gestalten und drucken. So sind in der Klassendruckerei die Kinder Autoren, Setzer, Drucker, Buchbinder, Verleger und Buchhändler in einer Person.

Buchstabe für Buchstabe, Wort für Wort und Zeile für Zeile entsteht ein Text, der mit den inneren (gedanklichen) und äußeren (manuellen) Fähigkeiten der Kinder unmittelbar zu tun hat – Sprache zum Anfassen! Freinet schreibt:
„Beim Drucken wird die Sprache von den Händen der Kinder auseinandergenommen und wieder zusammengesetzt, sie ist keine anonyme Formulierung mehr, sondern wird ihre eigene Schöpfung. Die Kinder, die über die technischen Mittel ihrer Arbeit verfügen, können von nun an der traditionellen Passivität des Unterrichteten den Rücken kehre und machen sich zum Subjekt ihrer Erziehung, die nicht als einsames Abenteuer, sondern als kollektive Selbstschöpfung in der Druckerei aufgefasst wird."
Die Druckerei stärkt das Selbstvertrauen der Kinder und Jugendlichen und wird zu einem Instrument der Befreiung des kindlichen Denkens: Kinder, die erleben, wie ihre Worte und Gedanken ernst genommen werden und Bedeutung erhalten, fassen Mut, sich selbst, eigene Erfahrungen und Interessen noch stärker einzubringen. Auf diese Weise soll die Druckerei in Verbindung mit freien Texten auch der Sprachlosigkeit, kulturellen Unterlegenheit und Manipulierbarkeit einer „schweigenden Mehrheit" entgegenwirken. Kinder sollen „fürs Leben lernen", ihre eigenen Interessen zu artikulieren: *„Die Druckerei in der Schule zerstört ganz und gar den Mythos des bedruckten Papiers und seinen magischen Charakter. ... Schreiben ist eine Handlung, die Macht verleiht, sobald das Geschriebene Verbreitung findet."*

SchülerInnen, die gewohnt sind, sich schriftlich auszudrücken und eigene Texte zu drucken, lassen sich später nicht so leicht vom „gedruckten Wort" einschüchtern. Sie haben verstanden,

© Verlag an der Ruhr, Postfach 102251, 45422 Mülheim an der Ruhr

dass Zeitungen, Bücher und Vorschriften nur Produkte von Menschen wie sie selbst sind.

Klassenzeitung

Die Veröffentlichung von Texten ist ein wichtiges Element für eine befreiende Pädagogik: Texte von SchülerInnen verschwinden nicht im Heft, werden nicht nur in der Klasse vorgelesen, sondern erhalten eine Form der öffentlichen Darstellung. (Für SchülerInnen wird so übrigens leicht einsichtig, dass solche Texte fehlerfrei und möglichst flüssig formuliert sein müssen. Auch die sorgfältige und ansprechende äußere Gestaltung eines Produkts sind wichtig.) Die Schöpfungen der Kinder erfahren eine bedeutende Wertsteigerung. **Zu einem produktiven Unterricht gehört die Veröffentlichung von SchülerInnentexten und die Dokumentation und Präsentation von Arbeitsergebnissen. Die Klassenzeitung ist dafür ein ideales Medium:** Schreiben und Textproduktion haben echte Funktionen und werden nicht nur geübt. SchülerInnen haben Gründe zu schreiben und LeserInnen, an die und für die sie schreiben können.

Eine erste Klassenzeitung könnte „Wir über uns" heißen: Jede Schülerin und jeder Schüler schreibt einen Text über sich, gestaltet und illustriert ihn. Ein "klassischer" Einstieg in die Zeitungsarbeit ist die Klassenfahrt. Gemeinsame Erlebnisse, Aussprüche, Denkwürdiges lassen sich zur Freude für alle in einer Zeitung „konservieren". Wichtig ist dann nur die nächste Nummer, und dann geht es wie von selbst weiter. Die „natürliche Öffentlichkeit" dieser Zeitungen ist die Klasse selbst und die Eltern. Bald werden höhere Auflagen hergestellt: für interessierte LehrerInnen, NachbarInnen, FreundInnen, Verwandte. Auch als Medi-

um für die eigenständige Darstellung von Unterrichtsinhalten und -ergebnissen ist die Klassenzeitung gut geeignet (Beispiel: eine Zeitung „Neues von Gestern" entsteht im Geschichtsunterricht).

Korrespondenz

Zwei Klassen der gleichen Altersstufe und etwa der gleichen Größe tauschen untereinander in regelmäßigen Abständen Briefe, Geschichten, Tonkassetten, Bilder, Fotos, gedruckte Texte, Dokumente und Arbeitsergebnisse, Klassenzeitungen usw. aus. Damit eine solche Partnerschaft wirklich anregend wird, muss sie voll in das Leben und die Arbeit der Klassen integriert sein und keine zusätzliche „Spielerei". Jede Gruppenaktivität wird der Partnerklasse mitgeteilt. Bald werden Kinder, die Texte schreiben oder malen nicht mehr nur für sich und die eigene Klasse arbeiten, sondern auch für die Austauschpartner, mit denen sich manchmal sehr enge freundschaftliche Beziehungen entwickeln.

Klassentagebuch

Im Klassentagebuch werden die vielen kleinen und großen Ereignisse und Erlebnisse festgehalten, es wird aber auch über Inhalte, Erfolge und Schwierigkeiten der gemeinsamen Arbeit berichtet. Viele Fotos über Klassenaktivitäten machen das Tagebuch (das auch ein Ordner sein kann, in den die Blätter z.B. in Klarsichthüllen eingeheftet werden) zu einer immer wieder gern gelesenen Chronik des Lebens und der Entwicklung der Klasse. Jeden Tag schreibt und gestaltet ein Schüler eine Seite für das Tagebuch. Wichtig daran ist: Die Klasse hat eine Geschichte, sie bekommt ein eigenes, unverwechselbares Gesicht.

3.
Soll die Schule Baustelle sein?

„Wie ich weiß, seid ihr der Meinung, dass das Wort ‚Baustelle' ebenso wie das Wort ‚Arbeit', dessen Adel ich rühme, allzusehr mit Mühen, Leiden und ungerechten Opfern belastet ist. Und trotzdem. Schaut, ob eure Kinder, wenn sie nicht unter eurer Fuchtel stehen, nicht Arbeitsstätten, Baustellen einrichten – um einen Bachlauf umzuleiten, eine Pfütze aufzufüllen oder Fische zu fangen; um einen Sandhaufen in eine Festung umzuwandeln; um ein Indianerdorf zu bauen ...
Und mit welcher Begeisterung, Ausdauer und Aktivität! Ja, sie scheuen keine Mühe und keinen Schweiß! Sie gehen stets bis an die Grenze ihrer Kräfte. Weil es in der menschlichen Natur liegt, sich zu überwinden ...
Sie vergessen sogar zu essen! ...

Ihre Anstrengung erfolgt nicht unbedingt in einer Atmosphäre des Lachens und Singens – die nur eine der Manifestationen der echten Arbeit darstellen, und zwar nicht die gängigste. – Es gibt Leiden und Zähneknirschen ... das ist das Leben!

Und das Kind träumt nachts von seiner Baustelle und erwartet ungeduldig den neuen Tag, um wieder zu beginnen. Glaubt ihr nicht, dass sich an der Atmosphäre eurer Klassen und dem Ertrag eurer Anstrengungen etwas ändern würde, wenn sich auch die Schule in eine Baustelle verwandelte, die ebensolche Begeisterung wie der Sandberg oder die Indianerhütte hervorriefe; wenn eure Schüler nachts davon träumten; wenn sie sich so

hundertprozentig mit angespannten Muskeln und zusammengebissenen Zähnen ihrer Arbeit widmeten? ‚Unmöglich!' sagten die alten Pädagogen ... ‚Mit Spielen könnt ihr den Schülern kommen, aber die Arbeit mögen sie nicht.'

Sie mögen weder die Arbeit noch die Baustelle – und die Erwachsenen verhalten sich ebenso –, solange die erforderliche Anstrengung nichts mit den tiefsten Schichten ihres Lebens, mit ihrem gesamten Verhalten zu tun hat, und zwar nicht nur in wirtschaftlicher und sozialer, sondern auch in psychologischer Hinsicht.

Aber begründet die schulische Kooperative (Coopérative scolaire), diese Gemeinschaft von Kindern, die spontan entsteht, wenn es um die Erstellung der Indianerhütte geht; gebt euren Schülern Handwerkszeug, eine Druckerei, Linoleum zum Schneiden, Farben zum Malen, illustrierte Blätter zur Information und Einsortierung, Bücher zum Lesen, einen Garten und einen Hasenstall, ohne das Theater und den Kasper zu vergessen – und die Schule wird diese Baustelle sein, wo das Wort ‚Arbeit' in seinem ganzen handwerklichen, intellektuellen und sozialen Glanz erstrahlt. Inmitten dieser Baustelle wird das Kind nie müde sein zu suchen, zu verwirklichen, zu experimentieren, kennenzulernen und konzentriert, ernsthaft, überlegt und menschlich höher zu steigen!
Und der Erzieher wird es ihm schließlich gleichtun."

---

1) aus: Célestin Freinet,
Die Sprüche des Mathieu,
hrsg. von Dieter Adrion und
Karl Schneider, Schuldruck-Zentrum
Ludwigsburg 1996, S. 147 f.

© Verlag an der Ruhr, Postfach 102251, 45422 Mülheim an der Ruhr

- *Badegruber, Bernd:*
  Offenes Lernen.
  8. Aufl., Veritas 1999
  ISBN: 3-85329-982-2
- *Baillet, Dietlinde:*
  Freinet – praktisch.
  Beltz Taschenbücher 1999, Bd. 32
  ISBN: 3-407-22032-4
- *Dietrich, Ingrid (Hg.):*
  Handbuch Freinet-Pädagogik:
  Eine praxisbezogene Einführung.
  Beltz Grüne Reihe 1995
  ISBN: 3-407-25160-2
- *Freinet, Célestin:*
  Pädagogische Werke. Bd. 1,
  Schöningh 1998
  ISBN: 3-506-72714-1
- *Freinet, Elise:*
  Erziehung ohne Zwang.
  Der Weg Célestin Freinets.
  2. Aufl., Klett-Cotta 1997
  ISBN: 3-608-91851-5
- *Claussen, Claus (Hg.):*
  Handbuch Freie Arbeit:
  Konzepte und Erfahrungen.
  Beltz Praxis 1995
  ISBN: 3-407-62191-4
- *Gerve, Friedrich:*
  Freie Arbeit. Grundkurs für
  die Ausbildung und Fortbildung.
  Beltz Pädagogik 1998
  ISBN: 3-407-25213-7
- *Hövel, Walter (Hg.):*
  Freie Arbeit – Wochenplan.
  Konzepte und Kontroversen.
  Verlag an der Ruhr 1991
  ISBN: 3-927279-77-3
- *Kehr, Monika:*
  Lernen mit Kopf, Herz und Hand.
  Hilfen für die Freie Arbeit.
  Auer 1996
  ISBN: 3-403-02636-1

- *Kock, Renate (Hg.):*
  Freinet, Célestin; Freinet, Elise:
  Befreiende Volksbildung.
  Frühe Texte.
  Klinkhardt 1996
  ISBN: 3-7815-0842-0
- *Krieger, Claus G.:*
  Mut zur Freiarbeit.
  Grundlagen der Schulpädagogik.
  Bd. 9.2., aktualisierte Aufl.,
  Schneider Verlag Hohengehren 1998
  ISBN: 3-89676-036-X
- *Längsfeld, Volker:*
  Offener Unterricht.
  Inhalte und Organisation.
  Verlag an der Ruhr 1989
  ISBN: 3-927279-28-5
- *Sehrbrock, Peter:*
  Freiarbeit in der Sekundarstufe.
  3., aktualisierte Aufl.,
  Cornelsen Verlag Scriptor;
  CVK, B. 1998
  ISBN: 3-589-21045-1
- *Traub, Silke:*
  Freiarbeit in der Realschule.
  Analyse eines Unterrichtsversuchs.
  Verlag Empirische Pädagogik 1997
  ISBN: 3-931147-56-8
- *Weber, Anders:*
  Was ist Werkstatt-Unterricht?
  Verlag an der Ruhr 1998
  ISBN: 3-86072-377-4
- *Zimmermann, Gertrud:*
  Das ist Freiarbeit. Spiele und
  Materialien für die Sekundarstufe.
  3. Aufl., Auer 1997
  ISBN: 3-403-02219-6
- *Zimmermann, Gertrud:*
  Freies Arbeiten in der
  Sekundarstufe. Kopiervorlagen.
  Auer 1996
  ISBN: 3-403-02725-2

Freinet-Kooperative –
Verein bundesdeutscher
Freinet-PädagogInnen,
Goebenstr. 8,
28209 Bremen,
Tel. 0421/344929
Dort gibt es einen Katalog
über die bisher erschienenen
Materialien und Probe-
exemplare der Zeitschrift
"Fragen und Versuche".

Arbeitskreis
Schuldruckerei
Peter Treitz,
Graulheck 24 a,
66578 Schiffweiler,
Tel. 06821/64633
Dort gibt es weitere
Informationen und Probe-
exemplare der Zeitschrift
"der schuldrucker".

Drucken & Lernen,
Bleicherstr. 12,
26122 Oldenburg,
Tel. 0441/16334
Dort gibt es Informationen
zum Drucken in der Schule
und Kataloge über preis-
werte und gute Geräte
(Druckpressen, Schriften etc.)
– auch für den beschränkten
Schuletat.

© Verlag an der Ruhr, Postfach 102251, 45422 Mülheim an der Ruhr